PETITES MYTHOLOGIES BELGES

Édition revue et considérablement augmentée

LES IMPRESSIONS NOUVELLES

« RÉFLEXIONS FAITES »
Pratique et théorie

« Réflexions faites » part de la conviction que la pratique et la théorie ont toujours besoin l'une de l'autre, aussi bien en littérature qu'en d'autres domaines. La réflexion ne tue pas la création, elle la prépare, la renforce, la relance. Refusant les cloisonnements et les ghettos, cette collection est ouverte à tous les champs de la vie artistique et des sciences humaines.

Le présent texte fait usage des rectifications orthographiques approuvées par toutes les instances francophones compétentes, parmi lesquelles l'Académie française.

Jean-Marie Klinkenberg

PETITES MYTHOLOGIES BELGES

Édition revue et considérablement augmentée

LES IMPRESSIONS NOUVELLES

Un pays né d'une côte

La culture belge existe. Des milliers de Belges l'ont rencontrée.

La culture belge existe. Mais deux à trois mois par an, sur une bande de sol friable, large de quelques centaines de mètres, longue de quelques lieues.

Ce terreau où fleurit la culture belge, c'est la Côte. De Kust.

En cette Arcadie enfin, Flamands, Wallons et Bruxellois cessent d'être des prénoms. Belge est pour le temps d'un congé payé leur nom de famille. Et ces Belges se retrouvent et communient dans une culture qui – ceci pour rendre grâce à Edmond Picard – est bien autre chose qu'une juxtaposition.

Car enfin, elle est originale et indépendante tout comme une grande, cette petite culture ! Elle a créé son environnement propre : front de digue, fortins pisseux, devantures bien délimitées où s'entassent ballons, filets à crevettes, petits moulins, lunettes de soleil et petits vélos, terrasses protégées où l'on boit une Rodenbach. Elle a cadastré son espace (arrivé au bout de la digue, là où commencent les quelques centaines de mètres non bâtis de tout le littoral, un père dit à son fils : « Viens. On peut retourner. Il n'y a plus rien là-bas »). Elle a élaboré son architecture, à la lisibilité totale (c'est simple : une seule façade, sur 60 km, avec juste les quelques accidents que sont les estacades et le Pier). Elle a fait naitre ses objets fétiches, qui la font reconnaitre entre mille et sur lesquels les archéologues et les philologues dissertent doctement, surtout dans les gazettes et au mois de juillet : le cuistax, le char à voiles. Elle a sa faune mythique : la crevette, le coquillage (tourelle et couteau), la mouette, cette fidèle compagne des bennes à ordure, qui imite à peu de frais la buse variable. Elle a mis au point son vocabulaire technique, pour désigner des concepts qui n'appartiennent qu'à elle : minque, malle, et surtout le mot « Côte » lui-même, quand il est employé absolument. Et dans cette langue, elle a forgé ses calembours familiers (les mots dits d'esprit renforcent l'esprit de corps, c'est bien connu) : de l'Abri côtier à l'autonymique radio Calembourg.

Tous ces signes d'originalité renvoient bien évidemment à un système de valeurs. Un calme un peu repu, qui ne se goute jamais autant que quand le soir on s'est protégé du roulement inquiétant de ce qui a cessé d'être un décor pour redevenir la mer. Un amusement bon enfant, d'ailleurs rendu obligatoire aux enfants. Un repli frileux. Le tout se traduisant par ces trottinements longitudinaux sur le sable ou la digue.

Ici, d'ailleurs, tout est longitudinal, canalisé. La route royale (pas communale, pas provinciale : royale). Les tramways (que la Belgique a mieux exportés que tout autre produit). Les seules directions possibles sont « vers Middelkerke », « vers Westende » (dire « vers la Hollande » ou « vers la France » serait faire preuve d'une audace géographique peu commune, quasiment ushuaïesque ; et ne parlons pas de l'usage des points cardinaux, qui ouvrirait des espaces impensables). Même la malle est longitudinale : pas tout à fait intégré à cette culture, je m'imaginais sottement qu'elle servait à prendre le large. Erreur : elle va lentement, parallèle à la rive, d'où on la possède longuement par le regard.

Cette culture se déploie sur un espace aussi long qu'il est étroit. Mais elle n'est le lieu d'aucune traversée. C'est simplement le lieu où la Belgique finit ; à moins que ce ne soit celui où elle commence On prend vite conscience du leurre que constitue l'expression « aller à la mer » : en fait, la mer, chérie des hommes libres, n'a rien à faire ici. Elle n'est qu'un décor, une pourvoyeuse d'iode et de bruits, un espace indéfini qui rend solides les frontières du petit royaume : ici la mer, là-bas « les terres ». Deux mystères, deux étrangetés.

La socialisation que prévoit cette culture reste étroitement contrôlée : la meilleure chose qu'on puisse affirmer d'une plage, c'est qu'elle est familiale. Il serait certes difficile de visser dans le sable la plaquette « mendiants et colporteurs, entrée interdite » ; mais, pour être implicite, l'interdiction n'en est pas moins obéie : ici, pas de musiqueux folk, pas de faiseurs de manche, pas de cracheurs de feu rassemblant fortuitement des passants en quête d'aventure, pas de groupes d'exilés latino-américains s'essayant à vous projeter dans un autre univers. Si le slogan « aller à la mer » résonne aux oreilles de tous les enfants du royaume comme la promesse d'une grande aventure, les adultes savent bien que le propre des promesses, c'est de ne pas être tenues. La seule aventure est celle qui frotte

– mais ne lie pas – un vieux couple de Frameries à un vieux couple d'Auderghem, un bâtisseur de fort flémallois et un jeune Vauban zellikois et, par procuration, leurs géniteurs attendris. Et les seules grandes collectivités sont celles que les syndicats d'initiative prévoient pour leurs sujets d'un mois : feux d'artifice, concerts-apéritifs, fanfares-promenades, jeux de plage, concours de châteaux de sable, parties de volley-ball, tournois de tennis, baignades en colonies.

C'est sans nul doute cette culture propre qui donne à la côte son petit air de zone franche, de district fédéral ou de réserve.

Ce privilège d'extraterritorialité, rien ne l'exhibe autant que le statut de ses voies d'accès. Passé la basilique de Koekelberg (pour l'achèvement de laquelle on collecte encore, je crois), les cartes n'indiquent plus que la terrible mention « Hic sunt leones ». Ne quittez pas la route. Suivez les indications qui vous seront données. Ne donnez pas à manger aux animaux. Dans les années 1950, quelqu'un s'étonnait de ce que les alors rares autoroutes du royaume irriguaient les seules terres flamandes. J'entends encore je ne sais quel Francophone serein (serin ?) lui répondre : « Mais enfin, la Bruxelles-Ostende, c'est quand même un peu à nous, non ? ». À l'est : Berlin et ses couloirs. À l'ouest : la Côte et la A1 (je ne sais pas si c'était son nom-code. Mais elle mérite à coup sûr cette primauté). Nos serre-livres sont des monstres fragiles.

Ici, miraculeusement, et parce que les vacances élaborent un monde réputé sans fracture, tout affrontement semble suspendu. Pour deux mois seulement, sans doute. Mais enfin. Un micro peut bien, sur un court de tennis (où le match est souvent sponsorisé par une gazette unitariste), claironner le français d'un juge-arbitre qui s'oublie au point d'oublier de bilinguiser. On ne s'en émeut pas trop. En contrepartie, le slogan « Vlaamse Kust » (« Côte flamande ») fait sourire. D'ailleurs, il est souvent à demi effacé : les couleurs tiennent mal ici, on le sait. Les fidèles, comme leur nom le laisse attendre, acceptent volontiers d'écouter leur messe en néerlandais : les troubles qui se font parfois entendre autour des églises ne sont qu'un frémissement dans la mémoire, un haussement d'épaule de l'histoire. Les plus farouches indépendantistes y vivent paisiblement leurs belgitudes refoulées. Tout est union, sinon force : le soleil, ou la pluie, est là.

À ne se laisser toucher que par le brouhaha, on ne sait trop où on est. À ne suivre que la mélodie, paresseusement, on ne sait si la bouche est ceci-ophone ou cela-ophone. Les accents se font mixtes. Cet R roulé : borain ou flandrien ? Les friturières comme les étudiants employés dans les salons de thé manient souplement le « vijf euros » et le « cinq euros », après avoir essayé du madame et du meneer. Et, avec un enthousiasme bonhomme, les clients s'y mettent. L'air semble rendre le geste peu couteux, et le préserver de l'échec. Un mauvais élève de ma connaissance se souvient même d'avoir gagné dans les deux langues quelque jeu radiophonique de café, où flamand et français finissaient par se confondre. Sans doute le caractère monosyllabique exigé des réponses avait-il autorisé ce qui, en un autre lieu et en un autre temps, aurait tenu du miracle et dont, ici, il n'y avait nulle fierté à tirer.

Ah oui, la Belgique existe ! Et c'est vrai qu'elle sent la frite. Et la gaufre chaude, et les hydrocarbures marins, et la crevette, et la molle fragrance du tout-à-l'égout !

Comme toute patrie, celle-ci sécrète ses exclusions.

Au Wallon que je suis, Quick et Flupke avaient tôt ouvert les portes d'une civilisation mystérieuse. Cette civilisation vivait en deux aires. L'une était urbaine, et je sentais confusément qu'elle me resterait d'un accès malaisé (j'ai su plus tard que cette difficulté avait pour nom Bruxelles). L'autre était faite d'espaces jaunes et bleus. Et celle-là, je savais qu'elle m'appartenait aussi d'emblée. Pourtant, je n'en avais pas pris possession ; je n'avais pas encore été sacré par la pelle et le seau, qui sont le sceptre et le sceau de ce royaume-là. C'était la Côte, notre Côte. Et je savais que je resterais exclu du nous tant que ce sacrement ne serait pas descendu sur moi. Oh, j'allais bien, moi aussi, à la mer ! Mais ça ne valait pas. Cette Frise lointaine, où m'emmenaient des parents sans doute écolos avant le mot, avait beau avoir des plages grises bordées de dunes, être peuplée des mêmes mouettes, ça comptait pour du poivre. Il y manquait les pavés sarreguemines de la digue, les cerfs-volants, les chars à voile, les haut-parleurs et les cordons de « villas Monique » qui faisaient d'une mer La Mer.

Car aller « à la mer », sans autre déterminatif, ce n'était pas aller vers des improbables méditerranées, ni vers la mer qui cesse un peu d'être du Nord quand elle est de France ou de Hollande. Non, aller à la mer, c'était se poser sur cette terre bien peu maritime, de sable et de coquillages, qui était toute la Belgique. Aller à la mer, c'était vivre son pays.

La dissolution de cette culture – non soluble dans l'eau – a peut-être commencé. Quand la dynastie belge a-t-elle commencé de ne plus être le symbole d'union que les discours continuent à célébrer en elle ? Lorsque tel monarque têtu et pointu est devenu, aux yeux d'une bonne partie de ses sujets, le roi des Flaminds ? Ou quand son auguste fils se déconsidéra aux yeux des autres en acceptant de rencontrer, avec son petit air penché, un chef de bande fouronnais sur le bas-côté d'une autoroute ? Nenni ! Plus discrètement, et plus bêtement, lorsqu'elle a déserté la Côte. Quand elle a renoncé aux pompes ostendaises pour placer ses économies sur un plus quelconque Motril (croit-elle nous avoir délaissé pour un bord plus fertile ?). Quand elle a ainsi donné l'exemple à ces promoteurs qui, abattant les « Villa Jeannine » et les « Mon Repos » (entre lesquelles se logeaient de plus rares « Zeebries »), ont inauguré le règne des œcuméniques « Pearl Beach » et autres « Bellavista ». Quand elle a cessé de visiter ce qui était son seul royaume : située au centre-ville de la ville centrale de la côte, sa villa occupait exactement le centre du centre du centre. Le fondateur le devinait-il déjà, que ce long Chili de sable serait le sceptre authentique de sa lignée, lui qui aborda du côté de La Panne l'improbable pays qu'il se payait ? Le fils de ce fondateur le savait très certainement : avisé, il ne manqua pas d'investir en ce lieu une partie de son butin.

Dissolution commencée. Bientôt achevée ?

Pas si vite, fillette ! La culture de l'huitre ostendaise a disparu. Mais la culture côtière est bien là. Elle n'a l'air de rien : un peu de Disneyland, de Legoland, de Madurodam ; trois petits mois et puis s'en va. Mais quelle place n'occupe-t-elle pas ! Ce monde de dunes sans cesse remodelé est fixé par bien autre chose que des racines d'oyat. La villa qui est aujourd'hui un restaurant ou un casino ou une banque ou un lupanar, je ne sais pas moi, pour tout un chacun, elle reste « la villa royale » (et d'ailleurs, l'huitre ostendaise, on prétend qu'elle revient). Il faudrait décidément que l'Union des Républiques social-sectorielles wallonnes et l'État national-populiste de Flandre concluent un accord pour l'atomiser, pour désintégrer le moindre de ses grains de sable. Sans quoi, il y a gros à parier que la Belgique continuera à exister, en son invincible unité. Son mirage continuera à frémir (l'eau et les mirages ont toujours eu partie liée). Et il empêchera ces pays-là de se connaitre eux-mêmes. Et si la fermeture des paradis terrestres est inéluctable – et urgente pour nous qui sommes déjà à l'Est d'Éden – on continuera encore longtemps à dire « ce pays » de ce pays né d'une côte.

Rouler à vélo

Les cartographes anciens se plaisaient à inscrire le plan du pays qu'ils dessinaient dans le contour d'une figure le symbolisant adéquatement. Quelques superbes cartes représentant le *Leo Belgicus* s'offrent ainsi à l'avidité des collectionneurs. Quant à moi qui ne puis guère l'être, collectionneur, j'ai vu des cartes de la Palestine se donner le contour du keffieh pendouillant de Yasser Arafat.

Il est certes plus malaisé de faire coïncider les contours de la Belgique contemporaine, qui ne ressemblent à rien – ici, point de botte comme en Italie, pas de nez breton comme en France, même pas de houppe tintinesque comme en Corse –, avec ceux du visage d'un coureur cycliste.

Mais pour qui sait aller au-delà des apparences superficielles, le pays se reconnaît parfaitement dans la morphologie du routier.

Celui-ci a en premier lieu un physique. Un physique qui sait être double. D'abord aussi longiligne qu'un phasme, mâchoire prognathe, oreilles légèrement décollées, se donnant des airs benoitement austères, le coureur finit en général sa carrière comme propriétaire de café replet ou comme vendeur de bicyclettes rondouillard. Maigre comme le clou qu'il enfourche ou bouffi comme une vedette rock sur le retour, coucou de Malines ou géant des Flandres, le cycliste offre donc au citoyen-Janus un miroir où il peut contempler ses deux personnalités : l'amour du travail et celui du confort.

La morphologie du routier est aussi de nature spirituelle. Comme celle des fourmis, l'intelligence du cycliste
est limitée mais efficace. Tout entière investie dans de
basiques stratégies, durer est le premier idéal qu'elle s'assigne. L'économie d'effort qu'elle prône se déploie dans
l'attaque sournoisement placée. Seule et vénielle perfidie
qu'elle semble s'autoriser. Cette relative simplicité peut
facilement passer pour de la pureté. Elle est l'équivalent,
sur le plan sportif, de ce bon sens que, disait un écrivain
de 1840, « l'Europe entière a toujours regardé [...] comme
un des traits caractéristiques de notre nation, et le bon sens
n'est pas autre chose que l'assemblage des qualités solides
de l'esprit. À la rectitude de l'intelligence, la plupart des
Belges joignent une heureuse disposition à s'attacher tout
entiers et de cœur à la tâche même la plus modeste, dès
qu'elle leur est échue en partage[1] ».

Enfin, le corps du routier fait profession d'occuper
un certain espace. À ce titre, il renvoie à une géographie
mythique, où la dialectique belge trouve à s'exprimer de
manière presque parfaite.

On connait en effet la recette du bon itinéraire cycliste.
Prenez d'abord du plat. Beaucoup de plat. Ce plat du pays
permettra la traversée aisée et le mouvement souple. En
multipliant la présence du cycliste sur le fond qu'est le
décor, ce mouvement en divisera d'autant plus la con-

---

[1] Charles Faider, De l'avenir de la littérature en Belgique, *Revue nationale de Belgique*, t. IV, 1840, p. 154.

sistance physique. Il lui assurera dès lors la grâce, qui est toute verticalité. La vitesse produira le délicat crissement du pneu, et l'on entendra le bruissement discret du déplacement de l'air : tous ingrédients que vous ne négligerez pas d'ajouter, et qui produisent un discret mais sûr effet de fusion avec le cadre. Par ailleurs, mouvement et vitesse se traduisent en distance, et la perception de la distance, on le sait, engendre l'opiniâtreté, vertu indispensable au bon cycliste. Réservez ce plat. Ensuite, prenez des pentes. Celles-ci doivent se présenter en proportions moins généreuses, mais il est important de les choisir relevées et bien gouteuses. Attention : le feu nécessaire au gravissement de la pente ne saurait être médiocre. La pente exige en effet de la détermination, qui est un type particulier de volonté, cousine de l'opiniâtreté, mais qui ne se confond point avec celle-ci, étant à elle ce que l'état est au processus (opiniâtreté et détermination ne sont que des prénoms, résolution est leur nom de famille). De même que le plat réclame la grâce, la pente a besoin de l'élan, et une certaine inspiration en cette matière garantit le coup d'éclat. Servez plats et pentes en les alternant.

Or cela tombe bien : les habitants des Hautes Mezelles et des Degrés des Tisserands, de Thuin et de Dinant ne le savent pas, mais nous avons un plat pays. Et cela tombe bien : les touristes d'un jour, qui visitent du Bruges et qui écoutent du Brel, ne le savent pas, mais, du mur de Grammont à la Haute-Levée, nous avons des pentes.

L'union des paysages faisant la force du bon cycliste, tout est donc pour le mieux dans le meilleur des mondes sportifs. Car entre l'espace belge et le cycliste belge s'établit un échange nourricier admirable. L'architecture du premier suscite chez le second l'avènement des vertus décisives d'opiniâtreté, de détermination et de résolution. Parfois – mais c'est rare –, à ces vertus viennent s'additionner, en une harmonieuse proportion, les épices de la grâce, de l'élan et du coup d'éclat. Si à tout cela – qui est, nous le répétons, très délicat à maintenir assemblé – vous ajoutez l'intelligence limitée mais efficace qui fait la simplicité, alors vous avez Eddy Merckx.

Le cyclisme est plus qu'un sport national. C'est une pratique patriotique. Une prière. Le vélo permet en effet de s'approprier le pays. La vélocipédie engendre un accord intime du sol et de l'être d'une qualité bien supérieure à celui que produit le baiser (qu'il s'agisse des à plat ventre cacochymes et redondants de Karol Wojtyla ou de « l'héroïque baiser de ces mangeurs de terre » qu'étaient les communiers flamands à la bataille des éperons d'or). L'efficacité de la connivence est en effet renforcée par la puissance. Non la puissance métaphorique des moteurs, que l'on n'éprouve que cérébralement, mais la sienne propre, vécue et éprouvée dans l'instant, et démultipliée par le braquet.
Le cycliste s'arroge donc l'espace. Un espace que l'usage exclusif de l'énergie musculaire rend nécessairement modeste. De sorte que l'adéquation de l'espace cycliste et de l'espace civique est totale quand le pays est lui aussi de dimensions modestes.

On peut toutefois aller au-delà de cette modestie. Le vélo a ceci de propre qu'il est d'abord un moyen de locomotion avant d'être l'accessoire d'un sport. La canne de golf et la raquette de tennis n'étant quant à elles – et sauf dans de cas rares de perversion –, d'aucune utilité dans la vie ménagère de tous les jours, elles sont d'emblée des signes de distinction sportive. Le vélo, lui, est par essence obscur, quotidien, utilitaire et démocratique. Mais chacun est libre de transcender cette banalité et de faire de sa bicyclette un instrument de promotion. De la même façon qu'il est, parait-il, des armées où chaque biffin a un bâton de maréchal dans sa besace.

Quand elle se décrit dans le récit des grandes épreuves cyclistes, la géographie familière du cycliste est héroïsée. D'une simple côte, elle fait un mur. Elle est alors cadastrée par une toponymie qui est en même temps une anthroponymie (« l'homme de Momalle », « l'empereur d'Herentals »). Le nom des épreuves, grandes et petites, renvoie aussi directement aux structures profondes du pays : le Tour de Flandres, La Flèche Wallonne. Et quand il ne s'agit pas d'épreuve, mais de promenades où le touristique se mêle au politique, le renvoi est métaphorique : le Gordel, la ceinture, ce qui enserre.

L'accord de la terre et de l'être peut ici prendre les dimensions cosmiques que la pratique quotidienne lui refuse. Le coureur cycliste devient un conquistador. Son internationalité est puissamment signifiée par son polyglottisme calme, qu'il partage avec ses fervents : tous les citoyens d'un pays où l'on a su prononcer correctement « Maastricht » avant les autres européens connaissent les mots *giro* et *vuelta*.

Des esprits médiocres pensent que la mystérieuse connivence entre la Belgique et la bicyclette tient au fait que cette dernière, comme la première, a deux roues et que, pour qu'elle ne se fiche pas par terre, il faut se tenir au milieu. Et avancer. Mais la trottinette a elle aussi deux roues, et d'aussi impérieuses exigences en matière de centre de gravité. D'autres soutiennent que le quadriceps crural et le soléaire n'ont pas de langue, de sorte qu'on peut communier sans arrière-pensée dans la célébration des exploits de ceux qui en usent. Mais alors pourquoi pas la balle-pelote ou les barres parallèles ?

Non. L'essentiel de la mystérieuse puissance du vélo est ailleurs : il réside sans doute dans le fait qu'il permet la coïncidence des contraires. Parce qu'il harmonise l'horizontalité et la verticalité, parce qu'il fait coexister le solitaire et le collectif, parce que, dès l'instant où l'engin et son cavalier ne font plus qu'un, se célèbre l'alliance du circulaire (les roues, les pignons) et de l'anguleux (les membres du cycliste, les traits de sa morphologie). Lointain salut, peut-être, au Mandala, représentation schématique de l'univers où les carrés s'inscrivent dans les cercles et réciproquement, et dont la fonction est, on le sait, de pointer cet endroit où perfection humaine et perfection divine cessent de se distinguer.

Et c'est sans doute parce qu'il suggère que l'impossible est possible que le cycle est une maquette de la Belgique.

Applaudir Eddy
(ou Jacky, ou Jean-Marie, ou Kim et Justine)

Prononcer le nom d'Eddy Merckx, c'est se hisser au niveau de l'Histoire (dans les mémoires belges, victoire de Merckx au Tour de France et conquête de la lune par l'homme sont à jamais liées) ; c'est sortir des livres de cuisine pour aller vers la chanson de geste.

C'est aussi changer d'échelle et même de géographie. Les frontières de la Belgique idéale n'ont en effet rien à voir avec le petit triangle isocèle que l'on repère avec tant de difficulté sur les planisphères. La carte de cette Belgique-là est plus souple, plus molle même. Solidement accrochée à la solide et hypertrophique barre de la Côte, assujettie à l'Europe par le bubon bruxellois, rond et botroulesque comme une boule d'Atomium, elle pousse un long et discret pseudopode en direction des banques de Luxembourg, parsème quelques enclaves extraterritoriales sur la Costa brava, tandis que, hors-champ, flotte comme un souvenir d'Afrique. Mais assurément, de toutes les distorsions réjouissantes que l'imaginaire fait subir à la triste cartographie des Atlas, la plus spectaculaire est aussi la plus saisonnière : c'est celle que suscite le Tour de France.

Épopée à la morale ambigüe – les impératifs chevaleresques s'y mêlent aux rappels brutaux du pur esprit de réussite –, le Tour de France permet au Belge de magnifier son espace et son histoire.

De grands évènements, revenant périodiquement, le persuadent en effet que le destin lui a confié une mission séculaire. L'épopée conte ainsi l'âge d'or Degraye-Thys-Lambot-Scieur, très tôt suivi par la vague Buysse-Dewaele ; elle chante les exploits de Romain Maes, de Félicien Vervaecke, de Sylvère Maes ; elle gémit ensuite sur la trop longue attente de l'Élu ; puis elle entonne le péan merckxiste, dont les échos se font entendre longuement, avant de reprendre, sur un ton plus bas, la complainte où l'auditeur se voit exhorté à l'espoir et à la patience, sans que jamais la foi ne doive l'abandonner : car un nouveau Messie viendra.

Cette mission, c'est en tant que Belge qu'il se l'est vu confier. Car, en dépit de l'organisation de l'épreuve en équipes de marques, le Tour reste la scène où se fait entendre la voix des nations, donc de sa nation.

Pour nommer les acteurs, on peut en faire les échantillons privilégiés de la classe à laquelle ils appartiennent. Et la classe qui, en matière de cyclisme, mais aussi de tennis ou de football, donne les meilleurs résultats, c'est assurément la nationalité. En vertu de ce schéma, Indurain est « l'Espagnol »[1], Lance Armstrong est « l'Américain », Michaël Boogerd « le Néerlandais » et Raimondas Rumsas « le Lituanien ». À la rigueur, on peut désigner un coureur par un ensemble apparenté à la nation : région

---

[1] Toutes les citations sont extraites des pages consacrées au Tour de France 2002 par le quotidien *Le Soir*.

historique, zone géographique ou entité administrative. Patrice Halgan est ainsi « le Breton », Lance Armstrong « le Texan » et Virenque « le coureur varois » comme – c'est trop beau – Kim Clijsters est la Flamande et Justine Henin la Wallonne. Plus rarement, c'est la ville d'origine qui intervient : Laurent Jalabert est ainsi « le Mazamétain », Karsten Kroon « le natif de Dalen » et Roberto Heras « le Catalan de Bejar ». En dépit de cas comme « le flandrien » ou « le Nordiste », on aurait tort de croire que ces dénominations renvoient à la géographie d'un univers mythique propre au cyclisme, à un univers où les pavés du Septentrion dialogueraient, par dessus le Ventoux, avec les crêtes de l'Aubisque et du Tourmalet. Comme le montre l'exemple du « natif de Dalen » et du « Catalan de Bejar » (allez, répondez vite, sans tricher : où est Dalen ? où est Bejar ?), l'épopée ne crache pas sur le confidentiel. Il s'agit plutôt de s'émerveiller sur les richesses cachées du terroir. Le Tour nous offre ainsi une géographie toute fraiche où les échelles de valeur sont renversées ; et chaque village y a sa chance. Le Tour suscite ainsi l'épiphanie de Herentals et de Momalle : le temps de quelques saisons, ces lieux modestes injustement occultés par l'éclat d'Anvers ou de Liège prennent les dimensions d'un empire (« L'empereur d'Herentals »).

Car empire il y a bien. L'expansionnisme larvé du Belge, qui s'est jadis extériorisé dans la conquête coloniale, s'exprime aujourd'hui (1) par une loi de compétence universelle en matière de violation des droits de l'homme et (2) par le Tour (même si le Grand Conquérant – sans doute déjà né dans quelque modeste demeure du Rœulx ou d'Opglabeek – tarde à se révéler).

Pour Roland Barthes, « la course est [...] à la fois périple d'épreuves et exploration totale des limites terrestres » : dans le plan horizontal, c'est l'enfer du Nord, sur l'axe vertical, c'est le Tourmalet, le Galibier et surtout le Ventoux, véritable Moloch qui fait payer aux cyclistes « un tribut injuste de souffrances »[2]. Leur odyssée est d'autant plus spectaculaire que le décor est impassible et immobile.

Comparons le discours du cyclisme sportif avec celui d'une discipline apparemment parente : la randonnée pédestre. Pour cela, prenons le guide du sentier de grande randonnée qui va de la mer du Nord à la Méditerranée[3]. Au hasard, nous tombons sur la description de l'itinéraire qui joint Visé à Dalhem. On y lit que le GR « se glisse à droite », puis « dégringole à droite par une rangée d'escaliers ». Il « bifurque », « monte », « vire sèchement », « s'infléchit à gauche », « serpente dans une lande boisée », « croise un chemin de campagne ». L'itinéraire blanc et rouge « s'enfonce ensuite dans la Vallée de la Berwinne », puis « le balisage se glisse tout droit dans un sentier », etc. Laissons cette piste européenne gagner l'Ardenne puis les Vosges, le Jura et les Hautes-Alpes, trajet au cours duquel

---

[2] Roland Barthes, Le Tour de France comme épopée, *Mythologies*, Paris, Le Seuil, 1970 (coll. Points), pp. 114 et 113.

[3] *Topo-guide du sentier de grande randonnée Mer du Nord-Méditerranée. Tronçon de l'Ardenne : Maastricht-Spa-Diekirch*, Liège, SGR, 1995, *passim*.

elle obliquera, s'étirera, dévalera, se faufilera, filera, s'insinuera, dominera, longera, empruntera, virera, s'écartera, appuiera et musardera. Mais si nous la laissons, ce ne sera pas sans noter que s'il y a un personnage particulièrement absent de cette description, c'est bien le randonneur. De temps en temps, celui-ci aperçoit un village, ou est invité à laisser un diverticule. Mais la plupart du temps, il s'est tout bonnement fondu dans un itinéraire qui fait tout pour lui, ou au moins a-t-il été amené à se soumettre à un dynamisme dans lequel son libre-arbitre et sa volonté passent au second plan. Le véritable acteur est le chemin, un acteur dont la bienveillance est si grande qu'il dispense son partenaire d'exister.

Dans le Tour, rien de semblable. Pas de mouvement dans son paysage, rendu à sa minéralité. C'est que nous sommes désormais dans l'être et dans l'essence. Ici, plus de fusion entre le cycliste et son environnement : nous sommes dans la pure performance et le pur affrontement.

La figure où un individu est le représentant par excellence de sa nation est certes fréquente dans le discours du sport dans son ensemble. Quoi d'étonnant ? De la même manière que la guerre est, selon Clausewitz, la politique continuée par d'autres moyens, le sport n'est-il pas la guerre menée par d'autres moyens ? (Georges Orwell : « Pratiqué avec sérieux, le sport n'a rien à voir avec le fair-play. Il déborde de jalousie haineuse, de bestialité, du mépris de toute règle, de plaisir sadique et de violence ;

23

c'est la guerre, les fusils en moins »)[4]. Or, c'est trop évident, nation et guerre ont indubitablement partie liée.

Ce schéma renvoie à une architecture du monde, soutenue par de grands stéréotypes. Et la Belgique a besoin de ce stéréotype pour exister. Selon un auteur de 1839, « l'histoire nous dit que dans tous les temps, c'est la guerre, c'est la communauté de la gloire, des revers et des périls qui a le plus aidé à former cette unité, cette force de cohésion qui fait les nationalités. Ce lien manquera à la Belgique ; nous devons le désirer au moins ; mais son absence se fera sentir, et le remplacer n'est pas facile. Ce que la guerre ne peut lui donner, la Belgique est tenue de le demander à la paix, à l'industrie, aux arts, aux lettres, aux sciences »[5]. Et aux sports.

D'où l'unanimisme qui s'impose à certains moments, avec une violence d'autant plus intense qu'elle n'est plus sentie comme violence.

On ne s'en avise pas, mais les grandes victoires sportives – Tours de France et d'Italie gagnés par Merckx, tournois de football où les Diables rouges, contre toute attente, franchissent obstacle sur obstacle, tournois remportés par Kim Henin ou Justine Clijsters – sont en fait des moments extrêmement proches de la guerre.

Comme cette dernière quand elle débute, la minute est fraiche et joyeuse. L'ivresse est suscitée en chacun par

---

[4] The Sporting Spirit, *Tribune*, décembre 1945 (repris dans *Collected Essays, Journalism and Letters*, Secker & Warburg, 1968).

[5] N., Introduction, *Revue nationale de Belgique*, t. I, 1839, p. 31.

l'indiscutable bon droit du groupe. Le succès ponctuel est la synecdoque (un mot de cuistre pour désigner l'expression du particulier par le général ou vice-versa) du dynamisme collectif. Notre camp n'est que bonté et justice. Notre taille modeste nous préserve à jamais n'est-ce pas de toute méchanceté. Notre seule ambition est de produire la beauté et le bonheur, et notre mission est de les répandre autour de nous. Nous existons.

Et comme à la guerre, laquelle exige que l'on choisisse clairement son camp, le tiède est ici laminé, le nuancé est honni, l'indifférent est vilipendé, l'étranger est interné et l'ignorant châtié.

Ne demandez pas au pays ce qu'il peut faire pour vous, mais demandez-vous ce que vous pouvez faire pour lui. Sachez que les hurlements des supporters dans vos oreilles sont les plus suaves des chants, et que le blocage spontané des rues par les porteurs de drapeaux et d'écharpes – pratique sévèrement réprimée quand elle est le fait de métallurgistes – est le moment béni de la communion. Et si vous êtes amateur de films à la TV, sachez qu'il y a de bons magasins qui louent des cassettes et des DVD.

Si le discours nationaliste est à jamais lié à celui du sport, sa présence dans la rhétorique du Tour tire toutefois l'œil. En football, il est courant de désigner une équipe par la spécialité professionnelle dominante de la ville représentée par cette équipe. (Les joueurs du C.S. Verviers sont ainsi désignés par l'expression « les lainiers », alors qu'aucun d'eux n'a jamais été ni marchand de ploquettes ni fabricant d'apprêts ; et de toute manière l'industrie lainière n'est plus qu'un souvenir au pied du Panorama[6]). Le vocabulaire du cyclisme aurait parfaitement pu se plier à ce modèle, d'autant plus que les équipes sont désormais organisées sur le mode corporatiste. Certes, la marque du sponsor elle-même apparait parfois. Au détour d'une phrase lorsqu'il s'agit d'un coureur au singulier (« L'Estonien d'AG2R ») ou pour désigner un collectif (« Les Euskatel »). Mais on ne trouve presque jamais, au singulier, l'expression « le téléphoniste » ou « l'horloger »[7].

Mais n'importe quel sport fera l'affaire, bien sûr. Progressivement, l'imaginaire sportif belge, qui vivait naguère un tropisme exclusif pour le vélo et le football, se déporte sur le tennis. Promotion sociale, sans nul doute[8]. À l'heure où les fils Merckx sont à Eddy ce que les François-Victor Hugo sont à Victor et où les diables rouges sont en enfer, voici que Justine la Wallonne et Kim la Flamande, avec leurs prénoms qui sont déjà de complices diminutifs, avec le sourire dans la défaite et l'humilité dans la victoire, s'offrent en substitution aux ferveurs projectives.

---

[6] Revoir *Australia* de Jean-Jacques Andrien (1989).

[7] Seule exception, toujours au pluriel et chaque fois entre guillemets : « Les postiers », désignant les membres de l'équipe US Postal (« Les "postiers" ont [...] livré le courrier à une vitesse record »). Hirondelle qui ne fait pas le printemps, ou aveu enfin arraché à la presse d'un mouvement de marchandisation qui ne date pas d'hier ?

[8] Mais celui qui suit Roland Garros comme il suit le concours Reine Élisabeth se doute bien peu que, pendant ce temps-là, l'élite qui cherchait jadis la distinction dans un tennis aujourd'hui démocratisé s'est tournée vers le golf.

Mais le Tour n'a pas cessé de tourner. Comme on doit s'y attendre dans un contexte qui privilégie la nationalité, la figure de la bataille continue à bien fonctionner : il n'est question que de « duel », « d'offensive en solo » et de « camarades de combat ». L'image se fait parfois spectaculaire : comme dans tout combat, il y a ici des morts, au point que ceux qui sont admis à poursuivre l'épreuve, sont « les survivants ». Comme dans toute armée, il y a des corps spécialisés, sapeurs et artificiers, commandos et voltigeurs : Untel « allume la première mèche », tel autre « remet une cartouche », un troisième est une « sorte de démineur des espaces aériens quand la route s'élève ». Comme dans toute milice, il y a des supérieurs et des hommes de troupe : tel coureur « n'est encore qu'un lieutenant. Mais qui pourrait prendre du grade à moyen terme ». On ne s'étonnera donc pas que l'omniprésente métaphore militaire se file volontiers : « Le carnage a frappé les généraux, pas seulement les vaillants soldats ».

Nous touchons peut-être ici une spécificité de la rhétorique sportive d'aujourd'hui : on est discrètement passé de la métaphore du combattant isolé à celle de l'armée organisée. L'ère du chevalier errant ou du samouraï solitaire est définitivement close. Comme dans les déserts du Proche-Orient, l'heure a sonné de l'aménagement et de la technicité. Ainsi, l'ordre mental relativement fruste de la boucle d'autrefois n'est plus. L'espèce évoluant, il a fait place à la réflexion élaborée ainsi qu'à des projets collectifs. La passion est désormais canalisée par la neutralité entrepreneuriale.

D'où l'exploitation d'une nébuleuse de métaphores nouvelles, à la consistance encore peu évidente, mais d'où émergent nettement trois lignes de force.

Il y a d'une part la présence du verbe et du symbolique, qui occupent une place qu'on ne leur connaissait pas jusque-là. Ce qui agit est non plus le muscle de la jambe, mais celui de la parole. Les coureurs ne se bagarrent plus, ils « ont des débats », ou des « explications » (« musclées », d'accord). Le résultat est bien sûr toujours de l'ordre du jeu et du spectacle, ou de l'ordre du jeu et de l'art : on parle « d'abattre un poker sur la table du Tour », de « déposer un carré d'as sur la table », de « mettre la pédale douce », et « d'orchestrer un festival ». On le voit : ce qui était naguère donné comme la pureté de la passion se résout désormais dans la nécessité pragmatique, laquelle doit nécessairement s'exprimer par le verbe ou le chiffre.

La deuxième ligne de force est, sinon l'abolition de l'individu isolé (en dépit du rêve des Grands Restructurateurs, on ne peut pas plus s'en passer ici qu'à la Poste ou à la SNCB), au moins son intégration à un projet collectif. C'est bien à la construction d'une micro-société qu'on assiste. Une société qui, comme la société globale, valorise désormais la seule productivité. Courir a ainsi cessé d'être un sport pour être un pur labeur : « faire le plus gros du travail », « aller au boulot », « nettoyer les écuries d'Augias ». Dans cet univers, « s'échapper » et « s'affaisser », les deux grands épisodes épiques du Tour, ont cédé la place aux mêmes mouvements qui définissent la flexibilité sur le marché professionnel d'aujourd'hui (qui, de son côté, a repris à son compte le discours du sport guerrier ; mais ceci est une autre histoire). L'enjeu est en effet d'une simplicité biblique : ou « sortir » ou « rentrer », « partir » ou « être repris ». Comme on dirait : avoir du travail ou pas.

Comme la vraie, celle où des techniciens pressent des boutons, mettent en branle des systèmes experts et « traitent des objectifs », la guerre qu'est le Tour a donc désormais cessé d'être principalement physique. Le modèle type de l'affrontement contemporain est surtout celui de la « bataille de nerfs » ; comme dans la compétition économique, il faut avant toutes choses « avoir le jus, le mental et la conviction ».

Si le coureur solitaire n'a plus sa place dans le récit cycliste contemporain, ce n'est toutefois pas au profit d'une communauté d'individus. Car la collectivité à laquelle il participe a perdu son caractère humain. Dans le Tour nouveau, c'est au profit des moyens techniques que l'individu se dissout. Coureur isolé, coureurs groupés, ne sont que des prénoms : machine est leur nom de famille : « Une fois que les locomotives des sprinters sont en route, la perte de place est souvent synonyme d'échec », « C'est une locomotive lancée à haute vitesse qui propulse son leader vers la ligne d'arrivée », « Le coureur [...] n'a pas été en mesure d'accrocher l'autobus [...] Un autobus qui a failli ne pas respecter son horaire [...] Dans cet autobus riche de 69 coureurs figuraient cinq Belges ». Des Belges qui, dans ce mouvement de machinisation, ont montré la voie, comme leurs ancêtres l'avaient fait il y a presque deux siècles en matière de métallurgie : n'ont-ils pas mis au point la spécialité inoubliable qu'est le « pot belge »[9] ?

Cette dissolution de l'individu dans le tout est payée par un autre mouvement, descendant celui-là : la disparition de cet individu se confirme par le bas, grâce à un mouvement de parcellarisation et d'atomisation : il n'y a plus de coureur, il n'y a plus que des organes, tendons, muscles et nerfs, tensions et toxines. Si on nous montre la défaillance des concurrents, c'est pour diagnostiquer : « les organismes sont au point de rupture ». Du tout, déjà mécanisé, on passe à sa partie. Le coureur n'est plus rien d'autre qu'un agrégat de prothèses couteuses : un « rouleau compresseur [...] qui enroule petit, mais très vite sur son plateau d'argent ». Comme dans les films où ce sont les effets spéciaux qui comptent désormais, les affrontements se décrivent par un gros plan sur le détail technique des armes qu'on y mobilise : par exemple quand il s'agit d'« en remontrer au cow-boy jaune, moulin à café du dérailleur », avec « un coup de douze dents et des risques à prendre ».

Mais une chose n'a pas changé : comme jadis, ce qui est recherché est toujours l'ordre. Toute l'action collective est tendue vers un but unique : « mettre de l'ordre ». Il s'agit désormais moins de combattre que de *gérer* : les membres de telle équipe « contrôlent sans forcer leur talent ». Toute

---

⁹ Contrairement à ce que l'on pourrait croire, le pot belge n'est pas une bière spéciale mais un cocktail vitaminé dans lequel entrent des antidouleurs, de la caféine, de l'héroïne, des amphétamines et de la cocaïne. La recette du pot hollandais est rigoureusement la même, à l'exception de la cocaïne. Sans pourtant connaitre quoi que ce soit aux cours de la bourse aux stupéfiants, certains en inféreront que des ingrédients entrant dans la confection du pot belge, le plus dispendieux doit être la cocaïne.

la société du Tour est ainsi devenue une sorte de service de gestion des ressources humaines, le rôle de contrôleur étant dévolu à l'instance anonyme qu'est le peloton : « le peloton opère le regroupement », l'échappé « reçoit la bénédiction du peloton ».

Certes, toute personnalisation n'a pas disparu. Le patronat s'exhibe parfois, mû par une sagesse qui lui souffle de prendre « lui-même ses responsabilités » : « *The boss is back* », annonce-t-on avec fracas. Mais lorsqu'il agit, c'est souvent de loin, et toujours inspiré par ce discernement : le chef envoie ses *missi dominici* dans l'échappée pour ramener ses concurrents « à la raison ».

Mais chez nous, le boss se doit d'être bonhomme. La simplicité, encore la simplicité, toujours la simplicité ! Voilà bien le plus beau compliment que l'on puise ici faire à un boss, à un champion ou à un roi : il sait être simple. Cette simplicité trouve parfaitement à s'inscrire dans l'univers de la petite consommation, qui vient ajouter sa mythologie aux autres. Et c'est pourquoi le paysage ne laisse que difficilement apparaitre ses lignes de force, masquées que sont celles-ci par les briquets jetables, boissons énergisantes, casquettes de papier, tablettes de gommes à mâcher, montres spectaculaires, gazettes de la dernière minute…

Ovationner le roi

Être roi est un métier.

De tous les métiers, c'est même apparemment le plus métier. Plus que tout autre, il fait en effet peser sur celui qui le pratique deux contraintes que l'on rencontre à des degrés variables dans n'importe quel gagne-pain, mais qui s'imposent à lui de manière écrasante. 1) Comme tout métier, celui-ci consiste à servir. « Servir » : un leitmotiv chez tous les rois en exercice, ex-rois et rois en espérance, et il n'y a pas de raison de ne pas croire à leur bonne foi. Mais si ailleurs le verbe a généralement un complément (« servir un client », « servir la balle », « servir le diner »), il est utilisé ici absolument. Caractéristique que la royauté partage honorablement avec la domesticité. Quintessence du métier, celui-ci cousine donc avec l'esclavage. 2) Par ailleurs – et ceci conforte le premier constat –, si certaines professions se confondent avec la vie, c'est assurément dans le monarchat que la fusion est la plus totale. Lors du dernier recensement, on vous demandait combien de temps vous consacriez par semaine à votre vie profes-sionnelle. Les formulaires étant couverts par le secret qui protège la vie privée, nous ne saurons pas quelle fut la réponse de notre souverain, mais il aurait certes été fondé à fournir la réponse « cent-soixante-huit ».

Mais être roi est-il vraiment un métier comme un autre ? On se prend à en douter quand on s'avise que les deux lourdes contraintes dont il vient d'être question sont compensées par des pratiques qui seraient lourdement sanctionnées dans d'autre professions. Prenons à titre d'exemple l'épisode où le feu roi Baudouin refusa de sanctionner une loi dépénalisant l'IVG, ce que le conseil des ministres dut faire à sa place, en décrétant astucieusement « l'incapacité de régner » provisoire du monarque. Cette incapacité a-t-elle été constatée à la suite d'une visite médicale, et couverte par un certificat ? Si oui, quel médecin contrôle a été amené à vérifier la validité du certificat remis ? S'il était apparu que ce certificat était faux, et que l'incapable de régner avait voulu se soustraire à ses obligations professionnelles, le fait d'avoir voulu abuser l'autorité – un estompement de la norme ? – autorisait-il l'employeur, en l'occurrence le peuple belge, à licencier l'employé pour faute grave ? Et s'il avait été établi que ledit employé carottait, les jours non prestés auraient-ils fait l'objet d'une retenue sur salaire ? Par ailleurs, chacun le sait, certains métiers sont incompatibles avec la conscience. Et la loi belge, grâce à Dieu (je parle de Marcel) et à Jean van Lierde, autorise l'objection de conscience : à certaines conditions, elle soustrait celui qui le désire avec force à l'obligation de tuer son prochain[1]. Cette loi stipule notamment que l'objecteur ne peut exercer une

---

[1] Cette loi n'envisage toutefois que le cas des gens déjà nés. Je continue à m'émerveiller du fait que le patron des défenseurs du droit des personnes à naitre fut longtemps quelqu'un dont le métier était d'introduire le plus efficacement et économiquement possible des bouts de ferrailles à l'intérieur du corps de jeunes personnes nées et dans la force l'âge. Ma fascination est d'autant plus forte que, des deux côtés de l'Atlantique, ceci semble une règle. Et elle atteint son comble lorsque je constate la parfaite constance de cette contradiction : personne n'a ja-

profession qui comporte, même occasionnellement, le port d'une arme. N'aurait-il pas fallu, dès lors, éviter d'orienter le royal objectant vers un métier qui comporte, et point occasionnellement, l'obligation de signer des lois susceptibles de blesser ses convictions ? (Car la signature est une arme : les campagnes d'Amnesty international nous le rappellent opportunément). Entourloupe pour entourloupe : ne pouvait-on, comme on le fait avec d'autres métiers, étudier une mise à la prépension ? voire restructurer le secteur ? Et ne parlons pas de la camaraderie en milieu du travail : ne pas vouloir s'acquitter de telle tâche parce qu'on ne l'aime pas, et demander aux autres de l'assumer, c'est admissible quand cela ne gêne pas ces autres. Mais quand ils ont les mêmes réticences que vous, n'est-il pas un peu délicat d'user de son ancienneté, ou de ses relations avec le patron, pour leur forcer la main ?

Il n'est peut-être pas utile de continuer la démonstration. Être roi, ce n'est pas un métier comme les autres. Ce n'est même pas un métier du tout. C'est simplement une manière d'affirmer, avec Parménide, que l'être est.

De ce point de vue, le roi des Belges est le parangon des rois. Et pas du tout, comme le soutiennent les échotiers, parce que les Cobourg furent jadis les étalons chéris des

mais pu m'expliquer pourquoi le Lieutenant-général des armées qu'était Baudouin Ier ne s'est pas défroqué à la suite de sa crise de conscience. Plus mystérieux encore : personne, pour expliquer cette contradiction, n'a allégué le grand principe qui veut que la Belgique serait un pays surréaliste.

haras royaux européens. Mais bien parce que la Belgique offre à l'essence de l'office royal la chance de se manifester de manière particulièrement éclatante.

La fonction royale est en effet, sous toutes les latitudes, d'assurer l'unité. Il doit être entendu qu'un roi n'est d'aucune corporation, d'aucun parti, d'aucun groupe, d'aucune race. Il est entendu qu'un roi ignore les luttes de classe, les guerres religieuses, les affrontements linguistiques, les différends économiques, les controverses philosophiques, les démêlés politiques. Qu'il n'est ni de droite ni de gauche. Qu'il ne joue pas les syndicats contre les patrons, ni les riches contre les pauvres. Que par sa simple existence, il prévient chicanes, altercations, discordes, schismes et zizanies.

Être roi consiste donc à être principe d'équidistance. Le roi se tient non point au centre, mais en ce lieu géométrique qui rend parfaitement compte de tous les points de l'espace sur lequel il règne. Il est à la fois le roi de tous et celui qui sait conserver une distance parfaite avec chacun. Il réalise la synthèse de l'adhésion et de l'écart. Du multiple et de l'un.

Il est donc faux de dire que le roi *incarne* la nation. Il ne peut au contraire représenter celle-ci que dans la mesure où il se *désincarne*. Il lui est en effet nécessaire d'accéder au rang d'abstraction, pour occuper le lieu virtuel où s'abolissent toutes les tensions de l'univers.

Ce serait donc encore parler en termes concrets que de lui attribuer une fonction de modérateur : modérer, c'est reconnaitre la variété des forces, des mouvements et des résistances, alors qu'il s'agit ici de les égaliser pour les résilier ; modérer, c'est encore constater la division, alors qu'il s'agit de se situer en deçà.

On comprend dès lors que la Belgique a besoin de monarchie comme de pain. Pas seulement parce que l'exigence de pérennité et de stabilité serait bien compréhensible dans un État soumis au rythme quasiment parkinsonien des révisions constitutionnelles et promis à l'évaporation, et parce que ce tropisme vers la stabilité devrait trouver un visage. (Elle serait bien fragile, alors, une unité qui serait assurée tantôt grâce à un brave ancien motard trémulant tantôt grâce à un capitaine d'industrie mégalomane et vaguement génocidaire). Mais parce que le roi est une idée, et que cette idée rejoint, dans l'espace conceptuel, celle de consensus, dont on sait qu'elle vertèbre la vie sociale belge. De même que dans le compromis belge les dynamismes antagonistes sont promis à la neutralisation, le doigt royal montre ce point asymptotique où se réalise enfin l'impossible anéantissement des oppositions et donc celui des positions.

Et il faut souligner que l'on a ici le degré suprême du consensus : la quiddité royale, c'est le consensus toujours-déjà-là, indépendant qu'il est de toute négociation, et antérieur qu'il est à toute velléité centrifuge.

Le doigt royal montre ce point. C'est dire qu'il montre le vide.

Mais le vide est, on le sait, insupportable. Il faudra donc l'habiller. Référentialiser le concept. Et cela jusqu'au paradoxe : abstraction et modèle, le roi sera celui qui rend l'histoire lisible.

Bien évidemment, chacune des collectivités qui s'est abandonnée à la monarchie imprimera son style particulier à cette manœuvre d'incarnation. En Belgique, on pratiquera un style people déculpabilisé et discrètement autosatisfait (on se félicite d'être loin, ici, des turpitudes à la Windsor ou du soap opera monégasque). On se réjouira d'avoir brisé avec l'ancien régime, en pratiquant l'anesthésie du citoyen sous le couvert du rejet des tyrannies. On exploitera avec brio la procédure cardinale de l'incarnation : la mise en évidence de la proximité du roi et de son peuple, de l'affection qui lie le second au premier. Le lieu géométrique qu'est le prince est métaphorisé par une panoplie d'expressions qui toutes renvoient au contact (d'ailleurs, pour cela, au besoin, il « vainc sa timidité ») : « le roi s'intéresse… », il « s'attaque à la question » (de la pauvreté, de la paix dans le monde, des bébés phoques, etc.), il « tient des séances de travail », il « prodigue des encouragements »… Contact donc, mais point trop quand même. L'axe vertical sur lequel il s'inscrit est confirmé par la récurrence du geste de se pencher. Car il « se penche » (sur les vrais problèmes, sur les soucis du garde-barrière, ou de l'aide-soignante). On recherchera l'équilibre entre action et soumission aux faits : le roi « tâte le pouls », « est attentif » ou « est à l'écoute ». Et, dans la conversion en liens sociaux de la nécessaire solitude royale, l'image choisie sera la familiale. Équilibrée une fois encore : assez de discrétion et de mesure pour incarner les vertus bourgeoises ; juste assez d'aspérités et de couleurs pour n'être pas ennuyeux. Et dans un pays où il est entendu qu'on aime rigoler, on n'aura pas peur d'abuser du mot « liesse », que je n'ai jamais vu utiliser que pour caractériser les entrées d'ailleurs dites joyeuses.

Consensus et consensualité. On comprend dès lors qu'un slogan à coup sûr gagnant ici soit « touche pas à mon monarque ».

Dans la Rome antique, deux haruspices – vous savez, ces devins qui tiraient des présages de l'examen des entrailles de bestioles sacrifiées – ne pouvaient, dit-on, se regarder sans pouffer. Mais bien sûr, il n'était question pour aucun d'eux de cracher dans la soupe. Il en va de même ici. Hommes politiques ou intellectuels, tous sont aujourd'hui vis-à-vis de la monarchie dans la position où certains curés l'étaient vis-à-vis de la religion au XVIIIe siècle : ils continuent à dire les offices et à administrer les sacrements, mais sans y croire. Mais il y a plus : même le rire haruspicien – dans un pays où il parait qu'on sait se moquer de soi – est hors de mise. Il suffit que les météorologues annoncent une vaguelette de républicanisme[2] pour que les grands prêtres mobilisent les formules sacrées propres à conjurer l'anathème (garant de stabilité, prin-

---

[2] Ce terme désignant le moment où l'une ou l'autre personne avance que l'on pourrait peut-être un jour, à terme — oh, à terme ! —, envisager que la monarchie puisse être sujette à éventuelle discussion.

cipe de cohésion, rempart contre l'aventurisme, assurance contre les dérives – la hideuse dérive –, transcendance des polarisations, unité sainte, solidarité, exorcisme, *stella maris, turris eburnea*). Et aucun enfant ne crie que le roi est nu.

On n'a donc pas besoin d'évoquer ces louches principes psychanalytiques dans lesquels l'être providentiel est à la fois bienveillant et dominateur, ou encore la nostalgie paillassonnante de l'esclave pour son maitre.

Il suffit de constater qu'il est bien puissant chez tous le besoin de jeter un pont entre les aspects contradictoires de l'univers du sens, qu'elle est forte cette nostalgie d'une unité qui est celle du grand magma originel, substance antérieure à toute formalisation dans une structure. Nostalgie d'un état de nature[3], antérieur à tout clivage social, le rêve monarchique est aussi celui de la fin de l'histoire.

Le roi ouvre bien un tel espace fantasmatique où les incompatibilités trouvent immédiatement leur solution, comme dans le rêve ou la figure rhétorique. Sa médiation opère instantanément : non plus dans un processus discursif graduel, comme c'est le cas dans la négociation, non plus dans le lent et pénible travail sur le réel.

Même ceux dont le métier est précisément la négociation et le travail sur le réel sont parfois pris de vertige devant cette fulgurance. C'est en tout cas au compte du

---

[3] Monarchie et nature ont d'ailleurs toujours partie liée, qu'il s'agisse de veiller à l'amélioration de la race chevaline ou de venir au secours des chiens perdus sans colliers.

vertige que je mettrai ce propos d'une vice-première-ministre qui, entonnant à son tour le cantique du « touche pas à mon monarque », se sentait naïvement dans l'obligation de se justifier : « Il est bon, juste et salutaire », expliquait-elle, « qu'existe quelque part une voie de recours pour les plus démunis ». Vertige, car je m'imagine mal que cette ministre socialiste – ai-je précisé qu'elle était socialiste[4] ? – envisage de remplacer l'assurance maladie-invalidité par le toucher des écrouelles, et de s'en remettre, pour le reste, à la Sainte Providence. Vertige aussi, sans doute, chez un collègue, jadis emporté par le tourbillon de la communautarisation, qui s'offusquait de voir les diplômes universitaires cesser d'être délivrés au nom de Sa Majesté le Roi des Belges (majuscule ou pas à « Le » et à « Des » ? sais plus). Quelle pouvait bien être la validité d'un papier dorénavant signé par on ne sait quel ministre d'on ne sait quel exécutif ? Le désarroi de mon collègue disait ceci : à ses yeux, les diplômes – ces diplômes dont je croyais, innocemment sans doute, que c'était lui, lui et ses semblables qui en assoyaient la légitimité par leur conscience, leur savoir et leur sens des responsabilités – étaient comme une onction : une grâce octroyée d'en haut, par une instance n'ayant aucun rapport avec l'objet de l'évaluation, par une force n'ayant aucune qualité pour délivrer un titre de philosophe ou de

---

[4] Autre sujet d'étonnement : c'est aussi un président du parti socialiste qui se montre incapable de prononcer le mot « roi » sans le faire précéder, en une sorte de tic, par la locution « sa majesté le ».

chimiste, sinon, précisément, celle d'être, dans ce domaine comme en d'autres, le néant qui rachète tout.

Un pays qui cultive le consensus, qui sait jouer du paradoxe, qui déploie une ingéniosité sans pareille dans la résolution toute symbolique des problèmes qui se posent à lui, en feignant de confondre dialectique et juxtaposition, un tel pays ne peut de toute évidence que se vouer à la monarchie.

Monter à Paris

Les mythes sont des miroirs. On s'en sert pour donner du sens à ce que l'on vit. Mais les miroirs vous sont parfois tendus par d'autres. Et si vous créditez celui qui vous le tend de quelque autorité, ce qu'il dit de vous pèsera lourd dans vos décisions.

L'ethnologue qui se penche sur le cas du Belge francophone ne peut dès lors faire l'impasse sur la relation que celui-ci entretient avec Paris.

Car la culture dans laquelle vit ce francophone offre un modèle unique de centralisation. Y a-t-il sens à se demander où se trouve le centre de la culture américaine ? Le théâtre, c'est à Broadway, le cinéma à Hollywood et, puisque selon l'OCDE la culture est une marchandise, Wall Street a aussi son mot à dire. Y a-t-il sens à se demander où bat le cœur de la culture hispanique ? En Espagne, les grands éditeurs sont à Barcelone autant qu'à Madrid, et le soleil jamais ne se couche sur la vie éditoriale qui trépide au Mexique et en Argentine. Un centre à la culture allemande ? S'il y en a, ils ont noms Berlin, Munich, Vienne… Mais lorsqu'il s'agit de culture française, la réponse jaillit avant même d'avoir été posée : il n'est bon bec que de Paris. Que dis-je, Paris ? Non : la vie culturelle française se concentre dans un carré de quelques centaines de mètres de côté, à cheval sur les 5e et 6e arrondissements.

Centre hégémonique, assurément. Dont la domination s'exerce à différents niveaux. Par son prestige, l'ancien-

42

neté de sa tradition et le volume de sa production. Par la concentration de tout ce qui permet la reconnaissance et le prestige : c'est dans ces quelques mètres carrés que se rassemblent éditeurs, critiques, revues, académies, cafés fréquentés par les critiques et les écrivains qui se montrent. Par sa capacité à formuler des verdicts, à sélectionner et à imposer les innovations formelles, les contenus à traiter, les modes.

Il en résulte que le mouvement de la création se fait toujours à sens unique : le soleil, centre du système solaire, répand ses rayons bienveillants sur la périphérie.

Que faire pour se réchauffer à cet astre ? La question se pose inévitablement quand on est écrivain, chanteur, comédien, scénariste de bande dessinée. Un peu moins quand on est architecte, peintre ou danseur. Moins encore quand on est savant, homme ou femme d'affaires, ou quand on n'est rien du tout. Quelle que soit la réponse que l'on donne à la question et la stratégie que l'on choisit de déployer (et elles sont nombreuses : celle de Brel, celle d'Adamo, de Beaucarne, d'Annie Cordy et de Johnny Hallyday ont assurément été fort différentes), une question subsiste : que vais-je faire ? que va-t-on faire de mes racines ?

La règle générale est que la reconnaissance de l'artiste va de pair avec l'évacuation de ces origines. Tel débutant peut bien venir de province. Mais l'artiste consacré, ça non !

Toutefois, ce schéma où s'opposent affirmation de la provincialité et naturalisation parisienne est bien caricatural. D'une part, la nationalité n'apparait pas toujours au premier stade, d'autre part, elle n'est pas toujours niable au second. On va donc assister à de savantes manœuvres rhétoriques pour accuser, atténuer ou évacuer cette nationalité.

Ces manœuvres, on peut aisément les décrire à l'aide de quelques figures. La principale est celle du trajet.

Qui dit légitimation dit assomption. Donc distance par rapport aux origines. Faire mention des origines n'est pas une indélicatesse, quand le succès a exorcisé la malédiction. En d'autres termes, l'écrivain belge qui réussit n'est pas belge : il l'a été. Ce que le critique a dès lors à décrire, c'est un trajet où début et fin s'opposent comme obscurité et lumière, comme éloignement et proximité. Figure fréquente : Jacques Brel est « un grand échalas aux mines adolescentes, au regard fiévreux, qui vient du plat pays »[1], Hubert Juin est un « homme issu de l'Ardenne belge ». Mais l'issu, de toute évidence, vaut par l'issue.

La métaphore du trajet peut, à l'occasion, devenir plus précise. Le critique peut allonger la route, et renvoyer le point de départ à plus d'obscurité encore. C'est le cas pour Norge, dont on nous dit que « son passé belge est

---

[1] Toutes les citations proviennent d'un dépouillement mené dans *Les Nouvelles littéraires*, *La Quinzaine littéraire* et *Le Figaro littéraire*. Cf. J.-M. Klinkenberg, Lettres belges et lunettes parisiennes, *La Revue nouvelle*, n° l, décembre 1983, pp. 541-553.

pour nous très lointain – il est né à Bruxelles le 2 juin 1898 ». Le passé se réduit ici non à un moment, même bref, mais à un simple point, dont les livres de géométrie nous ont appris la vanité : quoi de plus accidentel qu'une date et un lieu de naissance ? On ne peut mieux suggérer que ce dont l'écrivain s'est nourri, c'est ailleurs qu'il l'a pris. Le caractère accidentel des origines peut aussi être signifié d'une autre manière. À celle du point de départ éloigné se substitue ici l'image du détour. Encore Norge : né à Bruxelles, certes, mais « d'une famille d'origine française » ; cas aussi de Charles Paron, « un belge, fils de Flamand, petit-fils d'un Français »... Quoi d'étonnant que ceux-là soient devenus écrivains français, puisqu'ils l'étaient, semble-t-il, de toute tradition ? Le rôle du critique est donc ici de rétablir l'ordre, et de suggérer que l'écrivain n'a eu qu'à obéir à l'adage « deviens ce que tu es ».

L'éloignement et le détour sont des figures simples. Elles peuvent à l'occasion se charger de connotations morales importantes. La distance devient aussi la métaphore de la grossièreté, voire de l'absence. L'individu ne peut dès lors connaître sa rédemption ou accéder à l'existence que par sa pratique artistique, les origines étant tout ce qui nie celle-ci. Tous les mots comptent dans cette phrase où l'on nous dit que Conrad Detrez « a poussé dans l'étroit milieu d'un petit village belge ». On ne peut mieux exprimer l'opposition entre le statisme des origines (« étroit », « petit », et « belge ») et le mouvement qui ne se trouve que dans la lutte (« pousser »), de même que l'œuf ne peut donner l'oiseau qu'en acceptant sa destruction.

Pour les âmes bien nées, l'étroitesse du milieu de départ n'est rien. Au bout du chemin sont les horizons infinis et les larges perspectives. Mais du chemin qu'il a fallu parcourir, on ne nous dit pas grand-chose. La promotion arrive sans effort, comme dans ces contes où le berger se découvre fils de roi et où il suffit de ramasser des épingles pour se retrouver millionnaire. Lorsqu'il est question du trajet, les péripéties semblent négligeables, vues du point d'arrivée. Prenons Alain Bosquet. Nous apprenons qu'il a « fait ses études supérieures à Bruxelles » et qu'il a fait « ses classes du côté des bronzeurs : les expressionnistes, les surréalistes ». Puis c'est le passage au présent, temps de l'instantanéité, traduction linguistique du fondu-enchaîné : « Nous sommes ainsi transportés du Danube en 1923 en Belgique avant 1939 ». Facilité et rapidité du mouvement. Deux traits qui sont là pour valoriser l'arrivée, sur laquelle on peut maintenant s'étendre : l'auteur s'établit à Paris et il devient alors « tout à la fois un merveilleux Français et un séduisant étranger, un puriste et un amateur d'art, un critique et un romancier ». Le coup de baguette magique de l'établissement à Paris transforme, on le voit, la marginalité en centralité, la sobriété en abondance (tant est luxuriante la richesse des activités que Paris permet), la linéarité en volume (« à la fois Français et étranger »), l'absence de couleur (il n'y a pas d'adjectifs dans la première phrase) en éclat (« merveilleux », « séduisant »). Et que dire de Félicien Marceau ? un « Français originaire des Flandres », un « garçon qui s'arrache à son petit milieu familial et provincial pour devenir quelqu'un à Paris ».

Qu'un auteur soit provincial n'est pas gênant pour le discours du centre. C'est au contraire à ce seul moment que l'instance de légitimation peut devenir pleinement fonctionnelle. Un démiurge ne prouve jamais mieux sa puissance que devant le néant. Plus un individu est quelconque, plus son origine hypothèque sa destinée, et plus miraculeux sera le geste qui le révèle à lui-même et aux autres. En consacrant l'auteur, le discours parisien s'auto-consacre ; en distribuant la légitimité, il rappelle sa propre légitimité.

La figure majeure est ici celle de la découverte. On sait combien elle est mensongère. Il n'y a eu découverte de l'Amérique que pour les Espagnols et quelques autres : ni les Mayas ni les Mexicas n'avaient attendu le compagnon de Malinche pour découvrir leur continent. Mais le discours journalistique n'a cure de ces questions de points de vue : l'oubli (« toujours injuste », préciserait le *Dictionnaire des idées reçues*) et la méconnaissance n'y sont jamais rapportés à des personnes ou à des groupes. Ce sont de purs absolus. Par conséquent, la découverte et la redécouverte, la connaissance et la reconnaissance ne seront pas davantage le fait de personnes. Par une géniale synecdoque, le critique devient la voix d'une unique et indivisible conscience universelle. Le sujet grammatical favori est ici le *on* (« on aurait tort d'ignorer encore... », « on va découvrir... »), plus rarement le *nous*, dénonçant par trop la contingence (« nous avons découvert... »). Mais le tour le plus commode est encore celui qui laisse indécidé son référent (« Qui connaissait jusqu'ici *x* ? », « Il faut redécouvrir *y* à tout prix... »).

47

Mais la découverte, c'est aussi le salut apporté. (Pour poursuivre la parabole historique, un Vasco de Quiroga a pu, dans son *De debellandi Indis*, soutenir la thèse de la légitimité des conquêtes violentes au nom de ce devoir d'aumône spirituelle qui oblige le chrétien à éclairer son prochain). La découverte parisienne devient ainsi salvation généreuse. Salut offert à Savitzkaya, auteur d'« un livre éblouissant et doux, d'une beauté merveilleuse et déchirante qu'il serait navrant de laisser enterrer sous je ne sais quel silence vaguement complice ». Salut offert à Verheggen : « il vient d'être publié chez un grand éditeur parisien. On va donc découvrir Jean-Pierre Verheggen ».

C'est toujours un grand sujet d'émerveillement chez les découvreurs que de découvrir que les découverts n'aiment pas être objets de découverte. Eh oui ! il y a des artistes comme ça, qui ne savourent pas nécessairement la perspective d'être mis en vitrine. Qu'à cela ne tienne : Paris assumera quand même son rôle. Prenez Christian Dotremont, dont la destinée, évaluée après sa mort en août 1978, semble être d'avoir vécu l'antithèse du mythe parisien : ce reclus, ce solitaire « n'avait rien à faire de la ville, de la gloire », aussi en est-il « resté à l'écart » ; « anti-parisien par excellence », il « travaillait dans le calme sinistre d'une maison de repos à Tervuren, son bourg natal ». Mais qui ne voit que si le pari contre Paris peut être tenu par l'écrivain, c'est encore un gain pour Paris ? Tout d'abord parce que le système de valeurs sous-tendant le propos des journalistes n'est qu'un long rappel du statut de ce Paris : au bourg s'oppose la Ville, à la réclusion répond le Monde, au calme réplique la Vie, au sinistre s'oppose la Gloire, comme l'écart s'oppose au Centre. Ici la lumière, là les ténèbres. Ensuite parce que cet écart n'est pas une vraie mise à l'écart. On ne peut tenir ses distances vis-à-vis de Paris que si Paris ne vous tient pas à distance. De même que l'on ne peut refuser le Nobel que si l'on vous l'offre, on ne peut dédaigner la gloire que si elle vous est acquise. L'écart est donc ici une ascèse, dont la vertu ne s'exprime pas mieux que dans l'oxymore du travail en pleine maison de repos. Oxymore, figure dialectique qui, en pratiquant la *coincidentia oppositorum* donne un sens plus pur à ces opposés, transcende tous les calmes sinistres de tous les bourgs. L'écart, lorsqu'il est subi, est un frein à la carrière de l'artiste belge ; lorsqu'il il est assumé, il devient adjuvant. Mais cette ascèse, quand fait-elle de l'écrivain un héros de notre temps ? Quand elle est sue, reconnue et proclamée. Au jeu de l'écart, Paris rafle donc une troisième fois la mise.

Un réseau de segments provenant de toutes les directions et convergeant vers un même point. Ainsi peut donc être décrite la machine. Mais il n'est pas toujours nécessaire que l'artiste ait parcouru tout le chemin. Une certaine reconnaissance peut intervenir alors même qu'il n'a pas encore achevé sa course. Mais sous peine de contredire une des lois du marché, cette coexistence de la distance et de la reconnaissance doit être dialectisée. La distance sera fonctionnalisée.

Car cet éloignement n'est rien d'autre que la métaphore de la différence. Et l'on sait que le discours de l'exotisme a toujours consisté à situer dans l'Autre ce qui est refusé dans le Moi, et à accentuer l'altérité ainsi créée. Cristallisation de l'altérité qui permet soit de nier et de refouler définitivement ce qui est refusé, soit de lui conférer une légitimité nouvelle : coupé du moi par la barrière sur laquelle flotte le pavillon : « Achtung ! Différence ! », l'inadmissible a permission d'exister.

C'est ainsi qu'autrefois une littérature de Belgique a pu être littérature française, parce qu'elle se donnait et était reçue pour flamande. Manœuvre qui n'est pas que littéraire. De même que les citrouilles se transforment en carrosses (ou les carrosses en citrouilles), des de la Pasture deviennent ainsi de tout de même plus exotiques Van der Weyden.

L'ère des Verhaeren, des Rodenbach et des Maeterlinck est passée. Mais s'il reste quelque chose d'elle aujourd'hui, c'est surtout dans le discours parisien qu'il faut aller le chercher. Quand il tient un Ghelderode, il ne lâche pas le Flamand en lui (« Le riche bourgeois médiéval, les "Marieke", le carnaval, tout y est, et ce langage en infinitifs parfois difficile à comprendre pour nous »). Crommelynck ? lui aussi « un grand dramaturge et un grand poète flamand ». Jean de Bosschère ? De la famille aussi par la grâce d'un syllogisme vertigineux : « Il était belge, comme beaucoup de symbolistes et postsymbolistes, et des meilleurs, le symbolisme ayant été, comme on sait, un phénomène spirituel aussi belge que français.

Il était donc belge, voire flamand ». Et pour que l'affirmation faiblement tempérée par le *voire* puisse convaincre, les détails suivent : il a bien « le génie halluciné du Nord » ou « ce fantastique implacablement saugrenu qui n'est qu'aux Flamands ». Jacques Brel ? « Sensibilité flamande ». Marie Gevers ? « Lourde sagesse flamande ». Françoise Mallet-Joris ? Elle vient d'une Flandre où il y a « autant de monstres que de ménagères ». Paul Willems ? « Aussi flamand, ce qui signale une tendance aux rêves, aux amours encloses, aux tragédies secrètes et domestiques, au mystère sous sa forme à la fois la plus banale et la plus profonde, à une quiétude pleine de cauchemars ».

Donc, quand on en tient un, on ne le rate *jamais*.

Mais on n'a pas tous les jours du Flamand à se mettre sous la plume. On ne peut pas coller sur toutes les figures des brumes, du Nord, du délire et de la grisaille. Oh ce n'est pas faute d'essayer : William Cliff, c'est « le piéton non conformiste d'une Belgique trop grise », tandis que Magritte s'explique, ben voyons, par ses origines : « la Belgique, terre des délires ». Mais si le Flamand qui sommeille en tout Belge se refuse décidément, on se tournera vers d'autres altérités, en tout cas plus exotiques qu'une belgité trop française ou trop facilement assimilable. Verheggen : il « n'est pas belge (...). Le paternalisme littéraire incorporerait bien Verheggen (...) mais il écrit en "ouallon" ». Cette altérité peut être celle de la province française. Mais attention : pas la Beauce, pas la Touraine ! Dans leur cas, le *Dictionnaire des idées reçues* ne mentionne pas d'altérité significative. Non : ce sera la province lointaine. Celle où les bardes chantent en bas-breton, le *chtiland*, etc. Faute de flamand, c'est dans ces cases-là qu'on rangera le Belge. En dévidant le paradigme de l'altérité provinciale pour circonscrire celle du nouvel arrivé. Voilà pourquoi les chansons de Julos Beaucarne « fleurent bon l'océan breton et la campagne normande ». Et voilà située la parenté de « l'écologiste wallon » ! : on saura ainsi ce que doit être la Wallonie parisienne. Cette province est le terreau de « vocables secrets, anciens, perdus et oubliés ». Dans la pensée mythique, temps et espace s'équivalent : l'autrefois vaut pour l'ailleurs, l'histoire pour la géographie, le primitif pour l'étranger. On saura dès lors comment décrypter ce discours de l'ancienneté, de la perte et de l'oubli.

Il existe un troisième discours qui permet de tenir un fait culturel à l'écart tout en valorisant cet écart même. Après l'exotisme, après la provincialité, voici la marche.

Province à quoi l'on assigne un rôle défensif, occupant la périphérie d'un empire, la marche est ce point où s'équilibrent l'excès d'identité et l'excès d'altérité, où l'intériorité est l'autre face de l'extériorité. Dedans parce que la marche participe le plus à la « défense » d'un bien (ou aux agressions menées au nom de celui-ci : il y a une lurette assez belle que je ne fais plus attention à ces subtilités du langage militaire) ; dehors parce que c'est à l'extrémité d'un domaine que celui-ci se sent le plus fragile, le moins consistant. C'est donc à propos des écrivains de la marche que l'on pourra le mieux resucer et rapetasser le mythe des petites Frances hors-France : « Liège, ville de culture française depuis toujours où les rues s'appellent "Georges Clemenceau", "Maréchal Foch", où l'on fête le 14 juillet comme dans aucune ville de l'hexagone ». C'est à leur propos que l'on pourra le mieux utiliser l'adjectif possessif *nôtre* : Hubert Juin, « un de nos meilleurs essayistes », Georges Poulet « l'un de nos critiques les plus considérables ». Osmose parfaite ? Parfaite, on ne sait, puisque la référence du possessif n'est jamais explicite (qui donc est ce *nous* qui dit *nôtre* ?). Mais osmose, certainement pas : car, subtilement, c'est dans le cas de ces artistes que le *nous* reste le mieux un *leur*. Voilà pourquoi Carlo Bronne et Marcel Thiry sont sacrés « les plus ardents défenseurs de notre culture », et pourquoi, si le poète de *Féminaires* est belge, sa poésie se veut d'expression française : la mission qui consiste à défendre l'empire est surtout dévolue à des harkis ; elle suppose bien qu'on se tienne debout sur la frontière, au flanc des noirs coteaux.

Pincer son français

Pour camper un Belge dans une bande dessinée, il semble qu'il suffise d'y semer quelques « sais-tu », d'y disposer une poignée de « une fois » et une pincée de « alleïe » et le tour est joué. Simplification d'une situation complexe, toute en nuances, mais qui a le mérite de pointer une réalité irrécusable : le Belge n'est pas seulement un marginal littéraire, c'est aussi est un marginal linguistique.

Le phénomène géo-culturel du centre et de la périphérie a son pendant historique : dans un espace centré, la circulation se fait selon une temporalité dont le centre est le point de repère par rapport à quoi la périphérie est en situation de décalage. Les innovations mettent dès lors un certain temps à se propager dans l'espace, de sorte que dans les zones les plus éloignées du centre, on pratique encore, pendant un certain temps, les formes que ce centre a déjà abandonnées et qui y sont donc condamnées.

Et voilà ce qui fait que votre fille est arriérée. Voilà pourquoi vous continuez à bien distinguer « brin » et « brun » alors que « brun » a disparu à Paris (de son vivant, Brassens faisait déjà rimer « Pétain » et « Verdun »), et voilà pourquoi vous n'avez peut-être pas compris la publicité pour les SMS qui, naguère, vous interrogeait : « TU VI1 ? »

Arriéré, vous l'êtes consciemment et de manière éclairée. Car même si pour votre compte vous utilisez les mots « inculpé » et « cagoulé », vous comprenez parfaitement

54

ce qu'un journaliste français veut dire lorsqu'il décrit un « malfrat encagoulé qui se fait mettre en examen ».

Mais arriéré, vous l'êtes sans doute de manière honteuse. Parce que vous êtes un francophone, et qu'un francophone c'est d'abord un sujet affecté d'une hypertrophie de la glande grammaticale. Quelqu'un qui croit que la langue a un « génie » irréductible, caché dans un Saint des Saints auquel seuls auraient accès certains grands prêtres. Quelqu'un pour qui la langue est une religion monothéiste, dont le livre sacré est LE dictionnaire et qui a ses rites d'initiation mystérieux, comme le pluriel des noms composés ou l'accord du participe passé des verbes pronominaux.

Parce que le français offre l'exemple sans doute le plus poussé qui soit de centralisation et d'institutionnalisation linguistiques, il y a une chose que l'on ne vous a jamais dite : le français n'existe pas. Pas plus que l'allemand ou l'espagnol, d'ailleurs. Ce qui existe, ce sont *des* français, *des* allemands, *des* espagnols. Cette pluralité interne des langues n'a rien d'étonnant. Ces langues offrent en effet à leurs usagers les moyens de mettre au point mille stratégies communicatives et tactiques symboliques. Elles exhiberont donc à leur observateur un visage changeant à l'infini. Mais mettre cette variation banale en évidence apparait toujours comme scandaleux, tant elle est refoulée dans les consciences par une manœuvre de construction essentialiste : par un discours visant à rendre monolithique aux consciences ce qui n'est objectivement qu'un conglomérat de variétés linguistiques.

Cet unitarisme, on le retrouve dans toutes les communautés culturelles. Mais il s'est particulièrement développé dans la francophone. Existe-t-il en effet une langue plus fortement institutionnalisée ? Le français est depuis longtemps branché à maints appareils de célébration et d'exaltation qui n'ont pas leur équivalent ailleurs. Cette situation a des origines historiques lointaines et complexes. Mais elle est aujourd'hui consolidée par un facteur quantitatif simple : alors que dans les autres grands blocs d'États soudés par une langue européenne, l'ancienne métropole est devenue très minoritaire – pensons à l'anglophonie, à l'hispanophonie, à la lusophonie –, la France, où la langue est la pierre de touche fétichisée de l'appartenance nationale, continue à peser d'un poids décisif dans une francophonie où seule une minorité d'usagers a le français comme langue maternelle.

Donc le Belge parle mal. Comme tous les membres des collectivités francophones périphériques il croit à son infériorité linguistique. On le lui a dit : il cultive l'à-peu-près, l'à-côté et l'approchant. Il parle un français de frontière, empâté, un peu poisseux, obscène peut-être. On lui a dit : « Regardez donc le petit voisin d'à côté, avec quelle faconde il s'exprime ! Tout chez lui n'est que liberté harmonieuse, en même temps que rigueur gouailleuse ! » Et de fait, je ne connais aucun Belge qui, passant la frontière, ne rajuste discrètement son parler, comme on rectifie son nœud de cravate ou comme on vérifie discrètement sa braguette avant d'entrer dans le bureau du patron ; aucun

Belge qui ne reconnaisse confusément un brin d'autorité langagière au quidam qu'il croise, fût-il charcutier ou loufiat.

Le Belge vit donc dans l'insécurité, parce que d'un côté il a une image très nette de ce que peut être le « bien parler » et que de l'autre il sait que ses productions effectives ne sont pas conformes à cette norme : il sait ce qu'il faudrait faire, et il sait qu'il fait ce qu'il ne faut pas faire ; il y a chez lui reconnaissance sans connaissance.

Cette insécurité linguistique produit une mauvaise image de soi. Et surtout une mauvaise image du voisin du dessous, plus supportable. Or la conception essentialiste de la langue la véhicule nécessairement, puisqu'elle fait de tout usager un coupable potentiel. Elle ne peut donc qu'aggraver les situations de concurrence dans laquelle le français est pris. Nombre de Francophones sont ainsi des gribouilles (vous savez : Gribouille, pour ne pas mouiller son beau costume, alla s'abriter sous un arbre ; mais, pour atteindre cet arbre, il fallait s'immerger dans un bassin) : certes attachés à leur langue, ils la desservent en en faisant un fétiche, et non un instrument dont chacun devrait être dépositaire au moindre cout. L'organisation de Championnats nationaux d'orthographe[1], par exemple,

---

[1] Sport pour sport : la Belgique est la première nation à avoir érigé l'orthographe au rang de discipline olympique. Car c'est unie qu'elle monte sur le podium orthographique : si les Francophones ont par leurs dictées suggéré une juteuse opération médiatique à Bernard Pivot, ces joutes sont aussi très populaires en Flandre, où elles sont vécues comme des matchs Belgique-Hollande (comme, depuis belle lurette, on ne peut plus vaincre les Hollandais au foot, on tente de les battre à coups de mots...).

entretient l'idée que la pratique de la langue s'apparente à une discipline de haut niveau, comme le 110 mètres haies ou le rugby, et que seuls des sportifs bien entrainés peuvent triompher des difficultés qui font son prix. C'est ici que Gribouille entre dans l'eau.

Les réactions à l'insécurité sont nombreuses. La plus spectaculaire, c'est le mutisme : on perd ses moyens ; on ne trouve plus ses mots ; on est dépossédé de sa langue ; puisqu'on ne peut la maitriser, on l'avale. Car quand on risque de fauter, on se tait. Si l'on risque de pécher contre la loi, on se terre. Et au bout du compte, la langue ayant cessé d'être un outil pour n'être plus qu'un monument, il n'y a plus que le silence.

En dehors de ce cas extrême, les réactions peuvent aller dans deux directions opposées : le purisme et la compensation.

Rendu méfiant, le marginal se surveille, et aligne ses productions sur ce qu'il croit être la norme. Ma langue est malade ! Il est donc bien temps que je la soigne… Pour cela, je prendrai scrupuleusement les pilules du bon docteur Grevisse, et la potion du curé Hanse ! Et le Belge fait ainsi de son pays une terre qui ne se contente pas d'exporter du chocolat, de la bière et des coureurs cyclistes, mais brille aussi par sa production de grammaires et de chroniques de langage. La langue française est un fleuve décidément bien peu tranquille. Pour le passer à gué, ce ne sera pas trop des gros galets que sont le *Bon Usage* de Grevisse-Goosse, le *Dictionnaire des difficultés* de Hanse-Blampain et le *Dictionnaire de la prononciation* de Warnant, trois fleurons de la maison Duculot, trois livres d'aujourd'hui dans une tradition qui remonte au XVIᵉ siècle.

Mais le purisme belge est, comme le suisse, volontiers bonhomme (y aurait-il un lien entre la bonhommie et la fabrication du chocolat ?) : les grammairiens belges sont moins prescriptifs que leurs collègues français, et leurs positions se fondent souvent sur des informations linguistiques plus riches et davantage contrôlées. Ici donc, peu de cuistres ignares et péremptoires, à la maitre Capello. Pas de flics linguistiques : tout au plus des agents de quartier et des gardes champêtres.

Timidité du petit ? C'est aussi elle qu'on retrouve dans les genres dont la particularité est d'exiger un contact spontané et très direct avec le public. Si les médias belges se font l'écho d'un intérêt soutenu pour la langue comme objet – on pense aux émissions télévisées comme « le jeu des dictionnaires » ou « dico-trottoir » –, on tombe volontiers d'accord sur le fait que les débats à la radio et à la télévision sont moins brillants en Belgique que dans l'Hexagone. De même, on fera observer à ceux qui annexent volontiers un Raymond Devos que les revuistes, les dialoguistes et les chansonniers n'ont pas en Belgique la même légitimité qu'en France. De même encore, dans leur adaptation au marché belge, certaines campagnes publicitaires sont revues à la baisse.

L'autre tendance tend à combattre les inhibitions par la compensation. Le Belge surparlera donc (comme on dit d'un acteur qu'il surjoue). Ah ah, ma langue est malade ! Eh bien je m'en vais te mettre dans un grand mélange bien agité toutes ses malformations et ses difformités, toutes ses pustules et tous ses bubons, au point que tu ne reconnaitras plus ce qui est tare et ce qui est qualité, ce qui est beauté et ce qui est monstruosité ! Le Belge cultivera cette fois le sens de la rupture et valorisera, non point le solécisme – la chose est presque impensable où que ce soit en terre francophone –, mais les produits de ce qui sera présenté comme une propension chez lui (alors que cette propension il la partage en fait avec tous les acteurs des communautés francophones périphériques) à jouer librement avec la langue.

S'il est écrivain, l'insécurité sera rachetée chez lui par un usage libre et inventif des ressources du français. Les exemples de cette pratique de surécriture abondent : des « syntaxes mal au clair » d'Elskamp et des rythmes puissants de Verhaeren au langage enfançon de Norge et aux inventions forcenées de Michaux, des archaïsmes de De Coster et des cultismes de Lemonnier aux pots-pourris polyglottes des frères Piqueray et aux wallonismes francisés de Otte, des surcharges de Ghelderode et des jeux de mots de Neuhuys aux véhémences de Bosschère et aux pastiches de Blavier, de la verve expressionniste de Crommelynck aux partitions avec ou sans portées de Dotremont. Au XIXe siècle, des critiques fustigeaient la tendance à utiliser le « Macaque flamboyant », nouvel idiome « fondé sur l'ignorance absolue de la grammaire, de la syntaxe et de la langue, sur le culte du barbarisme, du solécisme, du flandricisme, du wallonisme, du contresens, du non-sens et du pataquès. Ce nouvel idiome est appelé macaque parce qu'il singe les défauts des mauvais écrivains français, et flamboyant parce qu'il revêt ces défauts d'une lumière éblouissante »[2]. Et si les campagnes publicitaires sont revues à la baisse, elles peuvent parfois éclater ici. Où donc ailleurs pourrait-on afficher « Perrier te fou. Perrier c'est gek » ou « De chicon à endive en une heure et demie » ?

Les atteintes voulues à la norme pourront éventuellement être valorisées. De manière ambigüe, elles sont un argument de vente à l'extérieur, et cela depuis longtemps (il y a un siècle déjà, Alphonse Allais pastichait Maurice Maeterlinck dans un « Poème morne, traduit du belge »). Bien avant Jacques Brel, Simone Max avait prouvé que l'on pouvait faire carrière à Paris en misant sur l'accent bruxellois. Elles peuvent aussi être analysées comme les traces d'un questionnement. Et le caractère problématique de l'appartenance française sera ainsi mis en scène par une écriture postmoderne, exhibant les tensions qui déterminent les rapports sociaux en les médiatisant. Dans les textes carnavalesques des Verheggen et des Otte, le langage est le produit des pulsions d'un moi intime, mais aussi instrument d'une communication toujours impossible et donc désespérée. Mobilisée de manière très consciente, cette stylistique joue donc un important rôle critique. On

---

[2] Albert Giraud, Le macaque flamboyant, *La Jeune Belgique*, t. XI, n° 9, septembre 1892, p. 354.

le constate par exemple en lisant les vers de William Cliff, dont l'excès de régularité tire l'œil.

Ces deux tendances sont emblématiquement mises en scène dans la bande dessinée la plus nationale qui soit : *Tintin*. Cette comédie humaine met superbement en lumière le thème de l'impuissance linguistique, à travers les redondances et les « Je dirais même plus » des Dupont et Dupond, un « plus » à tout jamais hors d'atteinte, ou les constantes méprises onomastiques de la Castafiore, pour qui Haddock ne saurait jamais être que Bardock, Karbock ou Harrock. Et les deux réactions à la dépossession langagière y sont bien mises en scène. Si Tintin rayonne d'une solide santé morale, son dégout du péché est aussi langagier. Même au cœur des plus grands périls, jamais sa houppe verbale ne s'ébouriffe : ses phrases sont toujours complètes et correctement formées à l'aide de vocables posément choisis (« Pauvre capitaine ! Il ne se doute évidemment pas qu'à chaque secousse, la corde m'entre davantage dans la chair »). Face à cet ordre un peu naphtalinesque s'étale la totale et hirsute liberté créatrice dont Haddock joue pour faire de n'importe quel mot – de coloquinte à catachrèse – une réjouissante insulte.

Elles ne sont, ces deux tendances, qu'apparemment contradictoires. Le désir de soutenir la langue aboutit en effet souvent à l'emploi de locutions et de tournures senties comme élégantes, mais dont la fonction n'est pas évidente (en dehors de celle qui consiste à affirmer la conscience et la prégnance de la norme). Hubert Nyssen a bien décrit cette attitude qui, associant hypercorrectisme et baroquisme, aboutit à une rhétorique du désespoir : « À peine entré en France (…), le Belge se sent perdu, minorisé, invalidé, coupable de parler la même langue mais mal. Affolé, il surcharge, tombe dans la redondance, sème les virgules à la volée, plante des pronoms relatifs dans ses phrases comme les pieux d'une clôture, cultive l'adverbe avec la chicorée, adjective à la pelle, et surtout, ah ! surtout, se dénie cette liberté essentielle qui consiste à parler comme on respire, sans mettre en cause la légitimité du langage qu'on emploie. Bref, c'est un immigré ! Sa propre langue devient marécage, il y patauge, et il croit que sur la rive on ricane »[3].

On peut parfaitement vivre avec de telles contradictions. D'ailleurs, ces ambigüités ne datent pas d'aujourd'hui. (On en retrouve les premières traces dès les origines de la vie culturelle belge. Dès les premières années de l'indépendance du pays, le français est revêtu d'une double valeur : c'est d'une part la seule langue dans laquelle une culture quelconque puisse prétendre s'exprimer, mais c'est de l'autre la langue d'un État étranger, voire vaguement dangereux).

Si l'ambivalence peut être porteuse de richesse, dans certaines conditions elle peut renforcer la fragilité identitaire. Et c'est sans doute ce qui se passe aujourd'hui, où l'ambigüité joue un rôle désormais déstabilisant.

---

[3] Assignation à résidence, *La Belgique malgré tout*, Presses de l'Université de Bruxelles, 1980, p. 376.

D'un côté, on assiste en effet à un renforcement objectif du jeu des tendances centrifuges, et d'autre part à une légitimation des tendances centripètes.

De ce dernier côté, on notera que le Belge assume dorénavant mieux ses stigmates. Les incontournables que sont le *Larousse* ou le *Robert* s'ouvrent en effet de plus en plus largement aux belgicismes comme à d'autres francophonismes. Devant l'immobilisme de l'Hexagone, la Communauté française de Belgique a bravement féminisé sa batterie de noms de métiers, grades, fonctions et titres, en attendant sans doute de montrer la voie dans une réforme de l'accord du participe passé, accord qui vide les cerveaux et remplit les centres psycho-médico-sociaux. Un certain nombre de revues, spécialisées ou non, paraissent en Belgique en « orthographe réformée »[4]. Oui, les attitudes des

---

[4] Parenthèse qui n'a rien, ou peu, à voir. Le lecteur de ce livre y aura peut-être remarqué la disparition de certains accents circonflexes. Elle n'est pas due au désir d'économiser de l'encre, mais résulte tout bêtement de l'application des rectifications orthographiques publiées au *Journal officiel* de la République française en 1990 et approuvées par toutes les instances francophones compétentes, parmi lesquelles l'Académie française. Ces rectifications régularisent (1) l'alternance du é et è, dans les conjugaisons notamment, (2) l'emplacement du tréma sur le u, (3) le pluriel des noms composés (plus question de se demander s'il y a plus d'avions sur un « porte-avions » que d'hélicoptères sur un « porte-hélicoptère » : on écrira un « porte-avion », des « porte-avions »), (4) le pluriel des mots empruntés aux langues étrangères, qu'on naturalise (« des matchs » et non des « matches », « des confettis » et non « des confetti »). Elles simplifient également l'usage des traits d'union dans les numéraux et suppriment, conformément à la prononciation, la plupart des circonflexes sur i et u. C'est évidemment une réformette (le conservatisme en la matière est tel qu'une réforme plus profonde ne pourra sans doute survenir que dans le cadre de bouleversements sociaux considérables tels que catastrophe atomique, tsunami planétaire, révolution globale, etc.) À peine visible, elle est loin de résoudre les monstruosités les plus spectaculaires de l'orthographe

acteurs ont varié, dans un laps de temps remarquablement bref. « Il en drache, des carabistouilles », titrait *Le Soir* en utilisant lui-même ironiquement deux belgicismes pour critiquer la refonte 1989 du *Petit Larousse*, qui accueillait à peu près 300 belgicismes ; et le soir même, un journaliste de la télévision renchérissait : comment pouvait-on souiller « la Bible » par autant de faits qui n'étaient jamais que des « fautes de langue » ? Lors du second flux de 1998, où la nomenclature belge se voyait encore gonflée de 200 unités, les réactions furent bien différentes. Soit nulles, comme si la chose allait de soi, soit favorables.

Mais si certaines pratiques linguistiques échappent désormais à la logique centralisatrice, c'est précisément au moment où une série de particularismes s'estompent sous l'effet puissant de forces intégratrices. L'unification linguistique ne cesse en effet de s'accélérer. Car la proximité géographique de la Belgique avec la France est relayée par les autres proximités que génère une société de communication : le câble, la toile, les déplacements physiques plus aisés que jamais.

« De chicon à endive en une heure et demie », on vous dit.

---

française, et, pour cela, ne mérite sans doute pas qu'on meure pour elle. Mais soulager aussi peu que ce soit le lourd fardeau orthographique des écoliers n'est pas négligeable. Cette réforme — qui a déclenché un mouvement où les pays de la francophonie sont particulièrement actifs — prouve aussi le mouvement par la marche, en démontrant que l'on peut améliorer l'outil qu'est l'écriture, ce monstre sacré, sans que ce soit la fin du monde, sans que les dents poussent aux poules et que le soleil se lève à l'Ouest.

Dire les choses comme elles (ne) sont (pas)

Mais qui donc a dit que le Belge parlait mal ? Le premier observateur de la vie publique venu peut au contraire constater que, dans ce pays qui est terre de rhétorique (il a vu naitre Perelman et le Groupe μ, et abrita jadis les chambres de rhétorique), on utilise un langage savamment choisi.

Les partis politiques n'y reçoivent jamais de dérouillée aux élections : ils connaissent de légers tassements. Ils ne voient jamais leurs membres foutre le camp : on n'assiste qu'à des érosions. Ils ne mettent jamais la clé sous le paillasson : ils procèdent à un recépage. Il n'y a pas de foutoir : que des dysfonctionnements. Aucun responsable n'y échappe radicalement à ses responsabilités : il n'est sujet qu'à de fugaces estompements de la norme. Les entreprises n'y licencient pas : elles restructurent. Elles n'augmentent pas leurs prix : elles procurent un service optimal à un tarif étudié. Quand on va clairement vers l'interdiction du droit de grève, on commence par invoquer le service minimum. Et vouloir rogner les revenus du travail, ce n'est jamais que de la modération salariale (on ne modère, on le sait, que ce qui est excessif).

Bien sûr, ce ne sont là que quelques exemples d'une manœuvre familière à tous les citoyens du monde, à l'heure de l'universalité du politiquement correct (ne dites pas « aveugle », mais « non-voyant », ne dites pas « expulsion », mais « mesure d'éloignement », pas « guerre coloniale », mais « opération de police », pas « guerre de rapine » mais « mesures de maintien de l'ordre » ; dites aussi : « couches défavorisées de la population » ainsi que « frappes ». Et aujourd'hui il serait du dernier vulgaire de faire régner l'ordre à Varsovie : Varsovie serait « sécurisée ». Le culot a toujours été la caractéristique du dominant, d'où qu'il vienne (et ce peut être de Varsovie, qui semble aujourd'hui se réjouir de sécuriser chez les autres). Le culot qui permet de baptiser carpe le plus égrotant des lapins.

Mais cette manœuvre remporte ici tout le succès qu'elle devait nécessairement rencontrer dans un pays fictif.

Elle comporte trois variantes : la généralisation, qui consiste à désigner une chose précise par le nom de l'espèce à laquelle elle appartient (ce que des cuistres nomment synecdoque, et dont l'expression « les mortels sont ainsi faits » fournit un bon exemple) ; le déplacement, qui consiste à désigner le contenant par le contenu ou vice-versa, l'antécédent par le conséquent ou vice-versa, la cause pour l'effet, etc., bref, à signifier un objet, un aspect d'un objet, un procès ou un aspect d'un procès par un autre objet, un autre procès, etc., contigu au premier (les mêmes cuistres parlent cette fois de métonymie. Exemple : « boire un verre », pour « le contenu d'un verre ») ; et enfin, la plus efficace, le déguisement. Cette technique consiste à traiter d'une réalité en recourant au vocabulaire adéquat à une autre réalité, avec laquelle la première entretient des relations de parenté. On parlera cette fois de métaphore.

On a récemment vu naitre dans la langue belge quelques belles généralisations synecdochiques. Dire de Julie et

Mélissa, les victimes de Marc Dutroux, qu'elles sont « les petites » et de leurs parents qu'ils sont « les parents », c'est assurément élever leur expérience singulière au niveau du général, et du coup faire référence à des catégories communes, dans lesquelles chacun pourra se retrouver. Mais au fur et à mesure que cette figure se répète, la langue journalistique nous assure que Gino Russo, ou Jean-Denis Lejeune, est « le parent » par excellence, et, en définitive, le mouvement d'identification se voit bloqué. De sorte qu'au bout du compte, le parent lambda se voit exclu de cette excellence.

Danger donc de ces généralisations puisqu'elles créent subrepticement une sorte d'aristocratie de la langue de bois. D'ailleurs, comme pour mieux prêcher d'exemple, c'est un membre de l'aristocratie, un prince (« Le Prince » ?) récemment papa, qu'on vit donner à la presse des nouvelles non de sa fille, de son bébé, de sa petite chérie, de sa zouzou ou de son trognon adoré, mais de « l'enfant » : « Je reviens de chez l'enfant ». Qu'aux yeux d'un jeune père son enfant soit le seul enfant au monde, tout jeune père peut le comprendre. Mais que par la force des médias, un de ces jeunes pères puisse imposer à tous son enfant comme l'essence de l'enfant, voilà une manière de royalement déposséder chacun d'eux.

Paradoxe que cette généralisation : si elle permet à qui la manipule d'assurer son empire sur les choses en confisquant toute représentativité à son profit, elle permet également d'engloutir ces choses dans une catégorie plus vaste, et donc de les rendre moins accessibles.

La généralisation permet donc de passer muscade. De diluer les responsabilités. C'est aussi une fonction de la métonymie. « La cour » (variante : « la couronne » ; mais ce pourrait aussi être « l'Élysette », « le 16 rue de la loi ») par exemple, c'est quoi ? Le roi Albert II ? un grand chambellan quelconque ? sa femme ? une éminence grise, ou brune, ou noire ? En fondant les acteurs dans un grand tout, la figure dissimule à la fois leur identité et la vérité de leurs démarches, et les exonère de toute responsabilité.

La rhétorique belge, comme les autres, consiste donc à produire non des concepts, mais des ensembles flous. Or le mystère est la première garantie dont s'entoure un pouvoir, et les consensus sur lesquels compte ce dernier ne peuvent s'établir que sur le non-dit.

Dissimuler en valorisant l'inconnu permet de jeter discrètement la suspicion sur le connu. Lorsqu'un Ministre déclare que la promotion des fonctionnaires se fera dorénavant sur la base de leurs « compétences », et non plus seulement sur celle de leurs diplômes, il suggère que le connu, c'est-à-dire les diplômes que son gouvernement délivre et dont il est le garant, ne consacre aucune compétence particulière. Si on continue à croire, naïvement sans doute, que les longues formations dispensées par les établissements scolaires apportent du savoir et du savoir-faire, on est en droit de se demander ce que recouvre désormais au juste le terme très général de « compétence » ; terme général, puisqu'il renvoie à un ensemble imprécis de capacités, d'aptitudes et de qualités. Or qui prend la peine de scruter le ciel où vient d'apparaitre l'étoile

« compétence » s'en rend vite compte : l'inconnu valorisé de ce concept n'a rien à voir ni avec la capacité, l'aptitude ou la qualité : « compétence » signifie que seul le secteur privé devrait avoir un droit de regard sur les potentialités d'insertion économique d'un individu et sur la manière de les valoriser.

Le degré le plus élevé de la dissimulation est atteint lorsque le vocabulaire utilisé produit un sens qui est l'exact contraire de celui qu'a la réalité qu'il désigne. Qui croirait par exemple qu'un « État social actif » est un État déployant une belle activité sur le terrain social se tromperait lourdement : l'expression veut simplement dire que la recette de l'État, pour régler les problèmes sociaux, devrait être de rendre honteux les inactifs. Et je ne sais pas vous, mais moi je ne me sentirais pas tout à fait en sécurité dans un lieu « sécurisé ».

Par définition, ou par lapalissade, une manœuvre de dissimulation ne doit pas se laisser remarquer. Elle est d'autant moins visible ici que le Belge a une solide réputation d'amateur de profusion. Et qui pourrait soupçonner de rétention quelqu'un qui a érigé l'excès au rang d'esthétique nationale ?

L'atténuation dans la formulation des problèmes ne favorise en tout cas pas particulièrement leurs solutions : on peut parier que les scandales qui ont secoué la Belgique seront d'autant moins facilement évités à l'avenir qu'ils ont été baptisés, avec une simplicité de bon aloi, « dysfonctionnements ».

On n'est donc pas loin de la novlangue d'Orwell. Une novlangue gentille et discrète, soft même, comme il convient à un pays petit, mais une novlangue puisqu'elle empêche quiconque d'introduire la dysharmonie dans le consensus. Comme la novlangue, l'hypertechnicisme ou le politiquement correct entrainent un déficit de démocratie. Ils renforcent la suspicion du citoyen vis-à-vis du monde qui l'entoure. Car même s'il n'a pas fait d'études, quelqu'un qui a subi des « mesures de restructuration » ou une « compression de personnel » sait parfaitement qu'il est fichu à la porte, et celui qui est victime de « dommages collatéraux » n'est plus là pour dire ce qu'il a parfaitement appris : que cela veut dire « recevoir des bombes sur la gueule ».

Cette dilution des responsabilités, et la suspicion généralisée qu'elle entraine ne sont nulle part aussi manifestes que quand le démonstratif « ce » est mobilisé dans la locution « ce pays ». J'offre une forte récompense à celui qui me trouvera un ministre n'ayant jamais utilisé cette formule, et qui lui préfère « mon pays », « notre pays », ou « la Belgique », ou « la Wallonie ». Mais de toute manière, il n'y a pas que les ministres qui soient en cause : le banal journaliste et le citoyen de base sont également friands de ce « ce ». « Ce » : l'instrument d'une prise de distance salubre, dans une communauté qui sait si bien pratiquer l'autocritique ? Non : une pincette avec laquelle on manipule ce qui est susceptible de gêner la vue, le tact ou l'odorat. Un truc qui permet de se défausser d'une carte gênante, un savon qui permet de se laver les mains. On voit immédiatement quel serait l'effet de ce démonstratif si on le rencontrait chez un mari qui dirait « cette femme », et non « ma femme » ou « Georgette », ou chez une mère qui raconterait la dernière de « ce type », et non de « Kevin » ou de « mon gamin » : son apparition susciterait un soupçon assez sérieux pour que l'on téléphone immédiatement à S.O.S.-femmes battues ou à Parents-Secours.

Mais peut-être ce démonstratif, apparu dans ma première ligne, est-il une manière d'afficher crument – ultime sursaut – le réel au cœur du discours le plus rhétorique. Comme une affiche publicitaire qui avertirait : « On vous dit tout ça, hein, mais bon, vous savez, nous n'y croyons pas vraiment ».

Trouver un compromis

Lorsque je suis amené à expliquer la complexité des institutions belges à l'étranger, je me sers d'une comparaison. J'utilise celle d'un autre pays de dimensions restreintes, et qui comme la Belgique est structuré – ou déstructuré – par de nombreux clivages : le Liban. Le Liban aussi a une tradition d'équilibres subtils : vous savez, un Premier ministre chrétien maronite, un vice-premier ministre musulman sunnite, etc. Il me faut toutefois insister sur une grosse différence : en Belgique, et bien que l'armement léger y soit une des plus belles parures de l'industrie nationale, il est rare que les différends se règlent à la Kalachnikov.

C'est que, terre de rhétorique, la Belgique est aussi forcément la patrie de la négociation. À la force physique, qui prévaut dans le face-à-face, s'y est substituée la force sémiotique de l'argumentation. Or argumenter c'est toujours renégocier des oppositions, dans lesquelles les termes sont à la fois conjoints et disjoints. Il n'y a en effet échange que dans la mesure où il y a simultanément distance et proximité entre les partenaires (une identité parfaite supprime tout besoin de communication, et celle-ci est impossible dans le cas d'une altérité radicale). Argumenter, c'est réaménager cette conjonction-disjonction, réajuster la distance qui sépare les partenaires. On comprend donc que la langue soit au centre de la culture belge, et pas seulement pour les raisons qu'on imagine. Dans l'argumentation, c'est celui qui a la maitrise des signes qui emporte l'adhésion de la collectivité ou de ceux qui la représentent. Car c'est la parole qui médie symboliquement les éléments du conflit.

Depuis toujours, les metteurs en scène nationaux soignent la dramaturgie de la négociation. Celle-ci a ses lieux privilégiés (les châteaux sont particulièrement recommandés) ; elle a son tempo narratif (important : faire savoir qu'on a signé l'accord « à zéro heure », ou à l'aube, après une nuit de labeur) ; elle a son personnel voué aux pourparlers : leur essence est d'être des « partenaires sociaux » ; elle a ses métaphores convenues : on négocie bien mieux en « conclave », sans doute parce qu'on y déploie une onction toute cardinalice, et, au sommet, les discussions les plus secrètes, autrement dit les plus décisives, ont lieu en « kern », noyau dur du gouvernement.

Le rituel de la négociation est ainsi solidement ancré dans l'habitus national. Il figure sur l'horizon d'attente de chacun. De sorte que, lorsque d'aventure le rite n'est pas respecté, c'est toute la machine qui semble s'effondrer. Par exemple quand une grève sauvage éclate. Quand le capital fait ce qu'il fait le mieux : aller où il veut quand il le veut. Quand un syndicaliste fait le coup de poing. Quand un homme politique dit qu'il n'a rien à faire du roi. Quand un autre dit qu'il n'a rien à faire de la Belgique.

Au-delà de la négociation, il y a le compromis, qui en est le fruit.

Si l'Italie a eu son compromis historique, la Belgique a tout un historique du compromis. Spécialité nationale, comme la trappiste, l'Atomium et le chocolat Côte d'or, le compromis ne serait ici que la banale illustration d'une loi darwinienne. La complexité du biotope dans lequel se meut le Belge rendrait le compromis inéluctable. La diversité des espèces y est en effet telle qu'aucune d'entre elles ne peut espérer prospérer dans l'isolement. Ses représentants sont donc forcés d'emprunter un peu de leur allure et un peu de leurs gènes à leurs voisins. Leur survie même est à ce prix.

Le cas d'application de cette loi le plus fréquemment allégué est la constitution des gouvernements : dans un pays clivé linguistiquement, religieusement et socialement, où le système électoral proportionnel rend improbables les tsunamis politiques, que de toute manière les fidélités traditionnelles du public rendent inimaginables, les gouvernements ne peuvent être que de coalition. Et qui dit coalition dit saucissonnage des programmes, bricolage des objectifs, caméléonage des doctrines, je-te-tiens-par-la-barbichette et donnant-donnant : je te laisse demander des pouvoirs spéciaux, mais tu me garantis le maintien de l'indexation des traitements, OK pour communautariser la sécu, mais tu me files de quoi refinancer la SNCB, une nomination de bourgmestre contre un zeste de BHV.

Au-dessus du compromis, il y a le consensus, qui en est la vêture.

Quoi de plus noble en apparence que le consensus ? Oui, quand il signifie l'entente et la cohésion. Mais le plus souvent, il n'est ici que le fruit de l'accommodement et de la combinaison (*combinazione* : mot sans doute plus approprié dans un pays où le premier diplomate dans l'ordre protocolaire est le Nonce apostolique). Il est l'aboutissement d'un marché, et non une synthèse. Les solutions aux problèmes sont des demi-solutions. Les adversaires peuvent tous deux prétendre avoir gagné, et donc rentrer chez eux avec leur demi-coupe[1]. Et ils auront pour devise immortelle : « sauver le brol » et « arranger les bidons ».

De sorte que le consensus se retourne en définitive contre l'argumentation : il est fondé sur la suspension du débat non sur son exacerbation, sur le refroidissement et non sur la fermentation, sur la fusion et non sur la dialectique, sur la mise entre parenthèses des distances et non sur leur calcul.

La figure favorite de la bavarde rhétorique belge est donc finalement le silence.

L'échange langagier y débouche sur le remplissage, le dire sur le non-dit, la gestion du conflit sur la négation du conflit. Paradoxe donc que la terre de la rhétorique soit aussi celle du refus de la polémique. La polémique y est un péché ou au moins une faute de gout. Ici, pas d'insolence, toujours grossière, pas d'irrespect, toujours incivil. Et le titre de la seule feuille irrévérencieuse imite le bruit du pet.

---

[1] Ce principe du ici-tout-le-monde-gagne est même coulé dans la constitution belge. Le système fédéral qu'elle définit est en effet le seul au monde à superposer deux couches d'entités fédérées. Or la première – les Communautés – a été inventée pour satisfaire les Flamands, culturellement minorés, et la seconde — les Régions – l'a été pour rencontrer les problèmes économiques de la Wallonie. Bruxelles ne demandant rien.

L'absence-de-débat-d'idées, tarte à la crème des observateurs de la vie intellectuelle belge, n'est donc ni une essence ni une malédiction : elle est le sous-produit de la consensualité molle, qui est lui-même la conséquence de l'immobilisme forcé.

Mais sous le consensus, la différence. Sous la demi-solution, le problème.

En dépit du compromis, les forces centrifuges continuent à s'exercer, avec leur géométrie propre. De sorte que le consensus-bricolage désigne les réalisations sur quoi il débouche à travers des formules qui ont un nécessaire petit fumet d'oxymore, cette nouvelle figure rhétorique qui associe les contraires : on connaitra ainsi le « fédéralisme d'union », avec des « régions autonomes dans une Belgique unie » ; on inventera le « libéralisme social », le « numerus clausus accueillant » ; nous mènerons une lutte impitoyable contre le tabagisme en sauvegardant les légitimes intérêts économiques en jeu ; nous élaborerons une politique soutenue d'intégration de ceux que l'on sélectionnera avec rigueur ; nous serons fermement indépendants tout en respectant scrupuleusement nos engagements internationaux ; nous construirons la Belgique de demain en conservant tout de la Belgique d'hier.

L'oxymore a elle-même une structure oxymorique : fondée sur une impuissance – l'impossibilité d'opérer des choix –, elle se révèle d'une grande puissance : elle permet en effet de résoudre toutes les contradictions, instantanément et à peu de frais. Elle permet d'expérimenter symboliquement toutes les solutions, en proposant de nouveaux lieux de sens.

Elle est donc un puissant excitant de l'imagination, puisqu'elle permet de découvrir de nouveaux mondes.

Elle autorise ainsi à dépasser la logique aristotélicienne selon laquelle il n'y a de connaissance que du général. Car nombre de pratiques belges se fondent sur une philosophie du particulier (erronément attribuée à des particularismes ataviques). De sorte que la Belgique n'est pas un pays surréaliste, comme on le dit un peu facilement : c'est un pays pataphysique (« Le principe de l'équivalence universelle et de la conversion des contraires réduit l'univers considéré dans sa réalité pataphysique à des cas uniquement particuliers »[2]).

Par exemple, en droit belge, confectionner des législations *ad hoc*, dans une casuistique toute borgésienne, est chose courante : on élaborera une loi nationale, par définition de portée générale, pour règlementer le cas particulier de la seule commune des Fourons, ou celui d'un seul individu. Au lieu de reconnaitre que les listes des candidats à des postes de représentation sont dominées par les hommes, on élaborera une règlementation complexe pour assurer la présence de candidats « de sexes différents ». La « loi de compétence universelle » qui fit la fierté du royaume vise à présent l'univers à la façon dont le suffrage d'avant 1945 était universel : elle laisse

---

[2] Roger Shattuck, cité *apud Compendium pataphysicum*, élaboré par Alexandre Merdrev, Verviers, Temps mêlés, Institut Limbourgeois des Hautes Études Pataphysiques, 21 haha 104.

de côté la meilleure part de l'univers. L'édifice est ainsi peu à peu ordonné par de fausses symétries (aucune des entités fédérées n'est régie par le même ensemble de règles, aucune d'elles n'a les mêmes compétences) et éclairé par de fausses fenêtres.

Règne donc ici ce que l'on pourrait nommer un façadisme généralisé. Du génie se déploie pour créer des objets qui ne sont pas ce qu'ils disent être, ou qui l'ont été mais ne le sont plus, ou qui sont seulement en puissance de l'être un jour. Le pays qui a inventé « la régionalisation préparatoire » est aussi le seul au monde à disposer d'un assez définitif « pré-métro ». Et les sens uniques n'y sont pas tout à fait à sens unique.

Mais la souplesse peut se faire contorsion. L'inventivité déployée dans la négociation et le compromis peut déboucher sur l'inconsistance. Car les succès de l'oxymore tendent à n'être plus remportés que dans des mondes virtuels.

Si des espèces disparaissent parce qu'elles ne savent pas s'adapter, l'adaptabilité totale mène à l'abolition de soi.

Être raisonnable

Il flotte sur la terre belge un air léger de tolérance.

Mais pas cette tolérance énergiquement travaillée par le sens critique, la tolérance de l'humaniste éclairé. Pas celle que dicte la raison, mais celle que souffle le raisonnable. Une tolérance sage et benoitement pragmatique ; celle pour laquelle il y a des maisons, closes et confortables.

La notion d'accommodement raisonnable semble avoir été mise au point pour ce royaume.

Cette tolérance-là fuit l'affrontement. Plus qu'un autre petit pays, celui-ci mériterait qu'on le nomme « pays du matin calme ». Un calme satisfait, convenant bien à l'expert en compromis et à l'amateur de witloof et de waterzooi.

Ici, on avait déjà des ministres homosexuels avant que cela ne soit un signe de modernité branchée. Voilà, c'était comme ça : sans ostentation, sans honte non plus. Sans que cela nourrisse les folliculaires. Cela s'appelle de la discrétion, et ce n'est pas de l'hypocrisie. Ici, les rois peuvent bien avoir des bâtards : pas vraiment un scandale (d'ailleurs, n'est-ce pas une vieille tradition, seulement interrompue – brève parenthèse – par un moine-monarque ?). Pas d'affûtage de guillotine. Pas de complaisance non plus. Pas de gros titres dans la presse pipole.

Même les courages sont discrets. Oui, la Belgique a maintes fois pris des positions audacieuses. Mais elle le fait sans gonflette. Dans la discrétion raisonnable. S'attribuet-elle une compétence universelle en matière de violation des droits de l'homme ? Les bons citoyens, contents, circulent, sans savoir qu'ils sont devenus l'espoir de milliers d'opprimés ; ils circulent, croyant dur comme fer que si les regards se tournent vers eux, c'est à cause de leurs footballeurs et de leurs tennisseuses. La Belgique se dote-t-elle d'une législation sur l'euthanasie, après maints débats dans de sages commissions ? Aucune scène d'hystérie ne se déclenche devant les cliniques. Les prélats déplorent : c'est leur boulot après tout ; mais ils le font avec politesse. La Belgique autorise-t-elle, une des premières, le mariage entre personnes du même sexe ? Cela n'excite ni les douairières ni les chansonniers graveleux.

Les bombes belges n'explosent pas.

Voilà le pays d'aujourd'hui. D'aujourd'hui, car bien entendu, il n'en a pas toujours été ainsi. Mais elles sont loin, les charges de gendarmes à cheval ! Ils sont oubliés, les assassinés de Grâce-Berleur ! Un haussement d'épaules de l'histoire.

Les gouvernements tombent ? Ceux dont c'est le métier de s'agiter s'agitent. Les mines grisent. Les éditorialistes se courroucent, froncent le sourcil. Mais comme c'est Noël, ou nouvel an, ou Pâques, la dinde, la choucroute et les œufs au chocolat se débitent as usual. La crise frappe. Quelle crise ? Les voyagistes continuent à écouler de l'Hurghada et de la Costa Brava. Et bien sûr, Ostende et Blankenberge ne désemplissent pas.

Ce n'est pourtant pas de l'hébétude ou de la torpeur. Ni un manque de sérieux. C'est plutôt l'effet d'une bonhommie qui embrasse tout. À force de se frotter l'un à l'autre, car le pays est petit, on a tous un peu la même couleur. Alors, on ne sait pas vraiment dire « non », ni même « neen ».

C'est le pays où rien n'est grave.

Sérieux, mais pas grave.

Savoir rire de soi

C'est entendu : le Belge sait rire de lui-même. Il invente ses propres histoires belges.

Il ressemble en cela au Juif, assurément le meilleur colporteur d'histoires juives qui soit. Le Belge se gausse de lui-même, mais pas exactement comme le Juif le fait. Le juif, Woody Allen ou Philip Roth, entend bien affirmer : puisque je ris de moi, il n'est pas utile que qui que ce soit ajoute quoi que ce soit à ce que je dis à mon sujet. Le Belge pousse peut-être, si c'est possible, le masochisme un cran plus loin : il rit de lui, mais avec une certaine délectation dans la médiocrité. Il accepte de se reconnaitre dans la bêtise du père Ubu, dans la suffisance d'Achille Talon et dans la cuistrerie du Chat. Et il fait plus qu'accepter : il en redemande.

Voilà pourquoi l'esprit belge, dont on a dit qu'il n'existait pas puisque l'esprit est une spécialité française, accepte de cousiner avec les farces et attrapes, la blague genre Séraphin Lampion, l'humour de corps de garde et le rire pas rigolo de celui qui prétend que « moi monsieur, je suis un rigolo » (prononcer « rigolot »).

Serait-ce que le Belge ne se prend pas au sérieux ? Tirer cette conclusion de l'aptitude à se brocarder serait assurément aller un peu loin et un peu vite.

Car on le notera : revendiquée avec une espèce d'exultation, l'autodérision est un dogme national. Malheur à qui tournerait en dérision cette autodérision ! Il y a des vérités d'Évangile avec lesquelles on ne rigole pas. On peut bien rire d'un ministre, d'un artiste, et même du drapeau, mais pas du génie de l'autocritique.

Ce dogme est énoncé dans un catéchisme assurément moins riche que celui du bouddhisme, avec ses Quatre Nobles Vérités, puisqu'il tient en trois certitudes : 1) la Belgique est le paradis de l'autocritique ; 2) la Belgique est un pays surréaliste ; 3) la Belgique est le pays le plus imaginaire au monde.

Dire que le surréalisme a pénétré la vie quotidienne belge est une pirouette, sinon une imposture. En effet, ici, « surréalisme » désigne non pas une technique d'affranchissement contre les oppressions, non pas un paradigme d'actes subversifs, parmi lesquels on trouve la descente dans la rue, le pistolet à la main, mais une simple manœuvre de mise à distance, laquelle permet la spectacularisation.

À la limite, le mot peut certes renvoyer en Belgique à la remise en cause des relations de cause à effet ou à la mise en scène des automatismes d'expression, et ainsi revêtir une fonction critique. Mais la critique suppose non le spectacle mais l'irrespect. De même que la vraie négociation n'est pas destinée à s'achever dans le consensus pauvre, mais repose sur la netteté des points de vue exposés. Or, quelques exceptions mises à part (les plus notables étant celles de Jan Bucquoy et Noël Godin), on n'est irrévérencieux ici qu'*in absentia*. Mais ne fût-ce qu'effleurer une idole est impensable. Essayez un peu de toucher à Hergé ! À Simenon ! À Brel ! Non, les veuves belges ne sont pas surréalistes.

Non seulement il-n'y-a-pas-de-débats-d'idées, mais il n'y a pas de critique littéraire ou artistique d'éreintement, seul l'enthousiasme ayant droit de cité. Et pas seulement parce que le voisinage (ne pas oublier que nous avons une des densités de population les plus élevées au monde) engendre le copinage.

Qualifier le pays de surréaliste, ou d'auto-ironique, ou d'imaginaire, est donc une pirouette : l'ironie est le cache-sexe de la bonne conscience repue.

Mais ceci est loin d'être le signe d'une bêtise philistine. On y verra plutôt la manifestation d'une intelligence supérieure, à la fois parente et distincte de celle qui se manifeste dans l'autodérision juive. Car il n'y a rien de plus subtil que d'exprimer sa complaisance par la revendication de sa propre médiocrité. On retrouve certes la complaisance ailleurs ; et elle semble particulièrement bien fonctionner chez les ressortissants des grands États (l'Américain : « Nous sommes si bons ! » ; le Français : « Nous sommes si spirituels ! » ; l'Anglais : « Nous sommes si spéciaux ! »). Ici, la complaisance joue d'elle même (le Belge : « Nous sommes si peu complaisants avec nous-mêmes ! »).

Signe donc d'une grande subtilité. Mais l'essoufflement guette, quand faire semblant de se critiquer est l'activité qui occupe tout l'espace dévolu à la critique.

Être petit

On connait l'adage « Tout ce qui est petit est joli », avec sa version plus familière « Tout ce qui est petit est mimi ». Si la Belgique est actuellement tendance, serait-ce parce qu'elle est mimi ?

Car la Belgique est petite, c'est entendu. Et, par la magie d'un hypallage fréquent (oui, c'est encore une figure de rhétorique : elle consiste à attribuer la qualité d'un objet à son voisin), par un hypallage fréquent donc, le caractère du pays est automatiquement transféré à ceux qui l'habitent[1] : les citoyens du petit pays qu'est la Belgique seront ainsi de « petits Belges ». Au point que la locution apparait comme un pur pléonasme. (Sauf évidemment dans le titre *Petits Belges*. Car cet hebdomadaire était réellement destiné aux petits). Un des souverains de ce pays est célèbre pour (d'autres choses, mais aussi pour) avoir coulé ce pléonasme dans le bronze d'une formule définitive : « Petit pays, petites gens ». Ces « petites gens » qui sont les héros des romans du plus grand écrivain que la Belgique ait engendré.

Dès lors, parce qu'elles entendent sonder l'inconscient belge, les présentes « mythologies » ne pouvaient évidemment être que « petites ».

---

[1] Parenthèse : ce même procédé d'hypallage est trompeusement à l'œuvre en matière linguistique. Pour maints visiteurs — amèrement déçus lorsqu'ils sont confrontés aux faits —, si la Belgique est un pays bilingue, il s'ensuit que ses habitants doivent l'être aussi.

Mais pourquoi la petitesse ? À quoi peut bien servir ce trait ? Car tout le monde doit bien y trouver un avantage : les spectateurs du dehors, à qui le jugement octroie sans doute un certificat de grandeur, mais aussi les intéressés, qui n'hésitent pas à s'en offrir un de modestie.

Bons premiers dans ce concours : les Wallons. D'ailleurs, s'il est un mot wallon par excellence, ce ne peut être que « petit » (qu'il convient, alors, d'écrire et de prononcer « ptit »). La Wallonie est sans doute le seul pays au monde à s'être doté d'un hymne national où ce qui est célébré, c'est la petitesse. Là où les États réputés normaux s'enorgueillissent de leur grandeur, de préférence soulignée par le sang, le pacifique Wallon se déclare « fier de sa petite patrie ». Et si, des deux chansons les plus emblématiques de sa culture, l'une est celle où il demande qu'on le laisse pleurer, dans l'autre, il se rencogne sur un « petit banc ».

Quoi d'étonnant que cette terre de rhétorique et de profusion éprouve une passion de virtuose pour la litote, cette autre figure qui énonce le moins pour signifier le plus ? En wallon, toujours, pour déclarer à quelqu'un qu'on est amoureux d'elle/de lui, on lui dit « je vous vois volontiers ». Formule qui a son pendant exact en flamand. Dire le plus, ou, le plus souvent, le déguiser. Une fois de plus.

Quel intérêt, donc, présente la petitesse ?

Le premier, c'est qu'elle ne fait pas d'ombre. Et que le petit n'est pas seulement joli : il est gentil.

Il est entendu qu'un pays petit ne saurait avoir d'autres ambitions que celles qui siéent aux nains ou aux enfants. Il ne peut être suspecté d'impérialisme. Il ne peut polluer son entourage. Il ne peut faire de mal aux autres. Pas gênant, pas compromettant, quoi.

Ses militaires sont des soldats d'opérette, qui n'ont en vue que le bien des populations auxquelles ils rendent visite (leurs fusils servent à étayer les tentes pour réfugiés, et leurs grenades font de jolies boules de pétanque ; mais elles roulent mal : ah les petits sots !) Et quand ils rôtissent légèrement de jeunes Somaliens sur des feux de camp, c'est évidemment pour les divertir. D'ailleurs, la formule sacramentelle d'aujourd'hui, pour célébrer ce qui est peut-être la nouvelle alliance des sabres et des goupillons, s'énonce « mission humanitaire ».

Ses demandeurs d'asile mènent la vie au Petit Château (petit, d'accord, mais château tout de même).

Ses spéculateurs sont de « petits actionnaires » – une locution où l'adjectif fait presque oublier le substantif, et tend en tout cas à le sanctifier – ou de « petits épargnants » (ce qu'ils semblent être par définition : je n'ai rencontré nulle part la formule « gros épargnant »). De braves petites vieilles cacochymes, des papys gâteaux. Ou de petits jeunes gens honnêtes, économes et boutonneux.

Ainsi, l'exigüité territoriale vaut brevet de bravitude éthique. Cela n'est pas une loi immuable, notez-le (au Nicaragua, à Cuba, en Palestine et à la Grenade, on en sait quelque chose). Mais c'est sûr : la vertu de Monaco et Macao est celle d'une rosière, le Liechtenstein et les îles

Caïmanes sont des paradis moraux, et, bien évidemment, le Vatican est champion toutes catégories de *mani pulite*.

Mais si les petits actionnaires et les épargnants idem forcent la sympathie, c'est parce qu'ils sont grugés. Et forcément grugés parce que petits. Davids en lutte inégale contre un establishment Goliath.

Car la petitesse prédispose au statut enviable de victime. Et c'est son deuxième intérêt, corollaire du premier.

Être victime est une vieille tradition nationale : quand la première guerre civile européenne – vous savez, celle que préférait Brassens – faisait rage, le petit royaume héroïque a génialement su tirer profit de son statut de « poor Belgium ». Mais il n'est pas nécessaire de recourir à ces exemples extrêmes (l'envahisseur teuton offrait, on le sait, des tartines aux marmots belges affamés, juste pour le plaisir de pouvoir couper leurs menottes tendues, avides et suppliantes) : le lien entre petitesse et le martyre stoïque et discret est constant. Il reprend régulièrement du service : les blagues belges, c'est les prétentieux Français, et l'affaire Fortis, c'est les Hollandais cupides. Et, pour persuader le lecteur de son efficacité sur cette petite terre d'héroïsme, il me faudra recourir ici une troisième fois au wallon : sa sagesse ne nous offre-t-elle pas l'adage « C'est toujours les petits qu'on écrabouille » ?

Ce qu'il y a de bien avec cette formule qui mérite d'être traduite dans toutes les langues nationales, c'est qu'elle peut servir à tout le monde, et dans tous les cas de figure : à l'usager qui n'a pas trouvé place dans le train de 8 heures 47, à l'automobiliste qui constate la hausse du prix de l'essence sans plomb, au carré Hermès que l'on n'autorise pas à inscrire son rejeton dans l'établissement scolaire sélect de son choix, et, bien sûr, au petit actionnaire. Pas sûr que le prince Laurent ne se l'autorise pas...

Le troisième intérêt de la petitesse, c'est qu'elle permet à cette nation de peintres d'user de contrastes puissants. Car parfois, la litote est insupportable ; et l'on se tourne alors vers l'antithèse.

Le succès du petit, en effet, n'est jamais aussi spectaculaire que quand il est obtenu contre le grand, ou au moins chez lui. Et sa mesure est évidemment fonction de deux facteurs : les dimensions de l'un et de l'autre. Les articles de presse abondent donc, qui vantent le succès des « petits Belges » à Paris ou à New York (comme styliste, comme cuisinier, comme bête de scène, comme écrivain ou vaine). Jamais à Tromsø, à Taganrog ou à Puebla, notez bien ça.

L'exploitation de cette disproportion était d'ailleurs le principal titre de gloire du monarque que j'ai dit : n'avait-il pas apporté la civilisation à un pays 80 fois plus grand que le sien ? (j'ai retenu le chiffre, tant on me l'a seriné). Lui-même, entouré qu'il était de « petites gens », n'était-il pas « un géant » ?

Le pays sera alors dit « petit mais » (sur le paradigme de « petite mais courageuse »). L'expression la plus pure de cette antithèse se retrouvant sous la plume de Kim Jong Il, lorsqu'il décrit la terre dont il est le dirigeant bien-aimé comme « un pays petit mais grand ». Je sais : Kim Jong

Il n'est pas belge. Il n'empêche que la Belgique a reçu la même louange de la part d'un monsieur bien peu suspect de complaisance : Patrice Lumumba, qui, beau joueur, jugeait le pays du colonisateur « petit par son étendue, mais grand par la pensée, le génie et le travail productif de ses fils ». (Beau joueur ou fin ironiste ? La seconde hypothèse n'est point irraisonnable pour qui se dit que Lumumba ne devait pas ignorer les paroles de *Vers l'avenir*, le deuxième hymne national des Belges[2] : « Si ton sol est petit, dans un monde nouveau,/ L'avenir qui t'appelle a planté ton drapeau ». Mais connaissait-il, Patrice, le prêcheur Wawelaar ? Wawelaar qui, dans le célèbre roman hollandais *Max Havelaar*, affirme que revient « à un pays petit par sa taille, mais grand et fort par la connaissance de Dieu, le pouvoir de dominer les habitants de ces régions pour les sauver des peines de l'enfer » ; ce petit pays qui « ne désire pas conserver jalousement pour lui-même la béatitude » mais veut « la faire partager aux malheureuses créatures de lointains rivages, encore prisonnières des chaînes de l'incroyance, de la superstition et de l'immoralité »).

Donc « petit mais ». Mais riche (riche par son histoire, par ses réalisations), mais grand (par l'esprit, la vaillance, la fière endurance), mais complexe, mais dynamique, mais chouette quand même, mais bien propre sur lui. Sans qu'on ne voie pas toujours en quoi les deux termes corrélés par

---

[2] Car en Belgique, on n'a pas attendu le XXᵉ siècle, qui serait le créateur de ses gouvernements multiples : non, il y a plusieurs Académies royales, plusieurs réseaux scolaires, plusieurs hymnes. Abondance de biens semble ne jamais y avoir nui.

le « mais » constitueraient un couple d'opposés : on n'est pas toujours bien loin du « il fait rudement chaud pour une aussi petite ville » d'Alphonse Allais.

Mais ça ne fait rien : n'est-on pas un pays surréaliste ? Alors, on rafle la mise une quatrième fois...

Rassurer les autres

Être Belge est trendy. C'est du moins l'affirmation d'un ouvrage récent : *De Belgen zijn in de mode*[1]. Finies les blagues belges ! Oubliées, les vannes à Baudelaire ! Profitons-en, diront les gens, tant qu'il est temps, car le propre de la mode, c'est de passer.

Mais gardons la tête froide, et interrogeons-nous tout de même sur la raison de ce revirement auquel les Golden sixties nous avaient peu préparés. Pourquoi cette vogue soudaine ?

Sans doute, en temps de crise, éprouve-t-on un double besoin, quasiment schizophrénique : d'un côté, le besoin d'action, cette action grâce à quoi on espère avoir une prise sur les choses, et de l'autre, le besoin de sécurité. Pour passer à l'action, il faut de l'assertivité, des certitudes. On relève le menton. On roule des mécaniques. Et si on ne les roule pas soi-même, il faut au moins élire des représentants qui en ont. Des hyperprésidents, hyperkinétiques et hyperprésents, ou des présidents de charme, sains et bronzés, au charisme galvanisant. Mais le besoin de sécurité pousse au repli sur les valeurs sûres. Engage à la modestie. Suggère la prudence.

La figure du Belge répond indéniablement à ce second besoin. Le Belge est à la mode parce que c'est un anti-héros.

---

[1] *De Belgen zijn in de mode. Franstalige poëzie uit België sinds 1990*, anthologie bilingue établie par Jan Baetens, Louvain, éd. "P", 2002.

Comme le Chti. Dans un univers impitoyable, géré par les battants, où chacun est en quête de performance, la force d'inertie que les Gaston Lagaffe opposent à la bourrasque a quelque chose de réconfortant. Car oui, c'est épuisant d'être un héros, et plus encore de le rester. Un boulot de chaque instant : on n'a pas le droit d'avoir les cheveux gras ou de rater une marche. Et c'est là que le Belge intervient. Petit. Confortable. Apaisant. Occupé à se moquer de lui, il ne met personne en péril. Ne fait pas le malin. Un peu de tendresse dans ce monde de brutes.

Les peuples à identité solide doivent parfois forcer pour maintenir la posture et la mimique. Et la crampe guette. Le Belge, aux identités floues, est là en face, et leur donne la permission de se relâcher. Le contempler est reposant : on n'est pas fondamentalement remis en question par lui ; il ne vous convoque pas sur le ring.

Il y a plus. Le Belge vous dit, à vous qui l'observez : « Je suis ton petit frère ». Mais en même temps, ce petit frère vous tend un miroir. Vous savez qui vous êtes parce que l'autre vous voit. Et que vous dit ce petit frère, même lorsqu'il se tait ? même lorsqu'il semble porter le regard ailleurs ? Que c'est vous le grand.

Dans les soirées, on le sait, les beautés copinent toujours avec les boudins. Bénies soient les laides, qui vous rendent belle ! Le Belge est le boudin du Français : du fond de sa Belgique, que son hymne national décrit (ironiquement ?) comme « toujours grande et belle », il vous rassure aussi sur ceci : oui, vous êtes grand et beau. Vous le serez toujours.

Ainsi, votre bénéfice est double.

Sachez-le cependant : le Belge est lui aussi gagnant dans l'opération. Enfin considéré, il tire avantage du statut que lui assigne ce jeu de regards. Tout confirme son estimable rôle de consolateur, même s'il arrive qu'il n'en soit pas conscient ; un pouvoir discret est entre ses mains. Le Belge est un bon secrétaire : toujours là pour mettre le patron en valeur et rectifier son orthographe, il existe par cela même.

Et il se félicite d'échapper à la crampe. Alors, tout au fond de lui, il se dit que c'est quand même rassurant de vivre là où il vit, là où les premiers ministres ne connaissent pas leur hymne national.

Trouver les institutions compliquées

Nos institutions sont compliquées. Tout le monde vous le dira. La responsable de cette complexité serait l'inflation des niveaux de compétences. Région, Communauté, Commission communautaire, Conseil d'agglomération : une jungle dans laquelle se dissimule, rôde et gronde toute une faune bigarrée, où l'explorateur patient tombera sur des spécimens mal connus, comme le Député permanent et le Commissaire d'arrondissement-adjoint. Institutions compliquées, et couteuses avec ça : les bêtes, ça peut être ruineux à nourrir. Qui n'a lu cette comparaison-projection qu'on peut retrouver partout au moment où l'on constitue les gouvernements ? On additionne tous les ministres de tous les gouvernements de Belgique et on rapporte ce chiffre au nombre de citoyens : eh bien si la Chine devait avoir la même proportion de ministres, le gouvernement chinois serait composé de cent mille ministres (ou de mille, ou d'un million : je n'ai jamais vu deux fois le même chiffre).

Passons sur le fait qu'en Chine, il doit bien y avoir une flopée de ministres provinciaux et de commissaires de régions spéciales. Mais ne passons pas sur le fait que la démocratie, et je ne suis pas sûr que la Chine en soit une, c'est compliqué, et cher. C'est vrai qu'une bonne dictature militaire, ou une bonne monarchie autoritaire, ça, si ce n'est pas bon marché, au moins c'est simple et compréhensible au premier coup d'œil. Ein Reich, ein Volk, ein Führer.

Un seul niveau de pouvoir, un seul droit, une seule langue : l'idéal ? Il y a quelques années, je fus contacté par le président d'une association américaine ; il souhaitait que je lui consacre quelques heures pour lui expliquer la situation des langues en Belgique. Le nom de ce lobby : U.S. English. Son objectif : faire reconnaitre l'anglais comme seule langue officielle de chacun des États de l'Union, et comme langue officielle de l'Union elle-même. Il s'agit ainsi de rendre à la vie publique américaine une homogénéité menacée, pour la première fois dans son histoire, par le dynamisme démographique hispanique. Le voyage d'études européen du président de U.S. English devait lui permettre d'enrichir son argumentaire. Son organisation mobilise en effet trois grandes thèses. Tout d'abord, communiquer à travers une langue unique soude un groupe ; la monoglossie est donc la condition indispensable de toute intégration. Ensuite l'unicité de langue consacre l'égalité des citoyens, au nom d'une équation simple qui énonce que justice = simplicité. Enfin, *last but not least*, éviter la présence de plusieurs langues sur la scène publique génère des économies. Mais que vient faire la Belgique dans cet argumentaire ? Elle offrait généreusement au président de U.S. English le parfait contre-exemple de son rêve : un État hétérogène, compliqué et, bien sûr, couteux.

La Belgique n'est donc pas un dédale pour les seuls Belges. Ce dédale est une attraction touristique mondiale.

C'est que, si la démocratie est complexe par nécessité, il est venu s'y ajouter ici un *effet de complexité*.

Le responsable en est-il un atavique caractère byzantin (bien surprenant dans une collectivité qui se vante de son bon sens et de sa simplicité) ? Faudrait-il invoquer, une fois de plus, le fameux dogme du « caractère surréaliste » de la Belgique ? Ou, plus simplement, la complication n'est-elle pas le symbole de la complexité des relations entre l'État et le citoyen ?

Le langage n'est pas la réalité : on ne mange pas le mot « pain ». Mais le langage donne prise sur la réalité. Comme les entreprises et les armées, les gouvernements, l'ont souvent compris : ils ont substitué les contributions (supposées raisonnées et volontaires) aux impôts (subis) ; ils ont remplacé la conscription par le service militaire, ou, mieux (comme l'uniforme ne garantit plus le succès aux bals du samedi soir), par le service national ; ils ont transformé leur Ministère de la Guerre, dont la dénomination avouait trop crument la fonction, en un moins offensif Ministère de la Défense.

Or, de quel langage les Bruxellois et les Wallons disposent-ils aujourd'hui pour parler d'eux-mêmes en tant que Bruxellois et que Wallons ? (Ici, je laisse les Flamands de côté : ce que je vais dire s'applique moins à eux). D'un langage ténébreux, bien peu fait pour les rapprocher de leur réalité.

Ce langage présente en effet trois traits, qui sont : abstraction, polysémie et sujétion.

Abstraction. Pour ne pas parler des « matières personnalisables », des termes comme « exécutif » (exécutif de la Région de Bruxelles-Capitale…), « assemblée » (Assemblée de la Communauté française…), naguère préférés à Gouvernement et Parlement, recouvrent un très grand nombre de réalités. Généraux, ils ne peuvent désigner de manière concrète et identifiable les instances qui gouvernent Bruxelles et la Wallonie ou légifèrent à leur sujet.

Polysémie. Nombre de termes officiels utilisés pour désigner les nouvelles institutions de la Belgique fédérale avaient déjà un sens dans le langage courant. Ajouter, de manière volontariste, un sens nouveau à ces mots n'aide pas particulièrement à identifier la chose qu'ils désignent. C'est le cas avec « communauté » : on sait ce qu'est une communauté religieuse, on a appris à connaître les Communautés européennes, on peut aisément savoir ce qu'est la communauté réduite aux acquêts. Mais ce mot vient, chez nous, désigner ce que la géopolitique appelle déjà groupe linguistique, nation, ou tribu. C'est encore le cas de « région » : je sais ce qu'est la région spadoise, la région namuroise ; et à l'école j'ai appris ce qu'était la région calcareuse… Ici, le mot vient désigner un État. Un Bruxellois peut certes se représenter l'endroit où il vit de différentes manières : comme une ville, comme un district fédéral (celui de Washington est joli), comme une ville-État (ce qu'est le port de Brême, bien plus petit) ; mais il est sûr que le mot de « Région » ne l'aidera pas particulièrement à distinguer et à hiérarchiser ses différentes appartenances.

Sujétion. Toute la terminologie en usage fait apparaitre une conception très claire des relations entre État central et entités fédérées : ces relations ne sont pas de complémentarité, mais de subordination. C'est le cas de « dotation » (une dotation est une somme attribuée à quelqu'un par quelqu'un d'autre d'en haut ; le mot ne suggère pas que l'on y a naturellement droit) et même de « Région », qui renvoie à une subdivision du territoire (ce que son corollaire, « régionalisation », indique avec plus de netteté encore).

Cette terminologie officielle suggère que la constitution a été rédigée par des personnes qui, de manière consciente ou non, réprouvaient fondamentalement le principe fédéral d'une union volontaire d'entités libres. Ou qui n'y croyaient pas. Leur excès d'imagination terminologique dit assez les contorsions auxquelles ils se sont soumis, d'assez mauvaise grâce au reste.

Tout d'abord, ces entités fédérées se voyaient, au moment même où on les créait, refuser tout statut d'État. Nulle part ailleurs un État fédéré n'est appelé « Région ». Ce mot suggère des limites floues (« la région du cœur », « se balader dans la région »...). Bien mieux : on leur refusait d'être authentiquement dirigées : un exécutif est bien autre chose qu'un gouvernement (puisqu'il comprend l'administration).

En outre, la terminologie adoptée véhicule implicitement certains fantasmes historiques assez louches. Ce qui le révèle bien, ce sont les asymétries qu'on y trouve : pourquoi pas une « Communauté allemande », puisque l'on a prévu une « Communauté française » ? Et s'il a fallu lui préférer une « Communauté germanophone » pour éviter de renvoyer au nom d'un État existant, pourquoi

ne pas avoir gardé le parallélisme en créant alors une
« Communauté francophone » ?

La terminologie officielle est donc porteuse d'hypo-
thèques pesant gravement sur une prise de conscience de
leur citoyenneté tant chez les Wallons que chez les Bruxellois. (Ils n'ont pas le monopole du déficit en identité :
en dehors de rares exceptions, les entités décentralisées,
comme la Région en France, en souffrent également). Elle
ne leur permet pas de communiquer efficacement entre
eux à leur propre sujet. Elle creuse le fossé entre l'État
et le citoyen (comment pourrait-il se sentir proche d'un
Ministre-Président-de-l'exécutif-de-la-Communauté-fran-
çaise-de-Belgique ?)
Ce déficit en identité frappe particulièrement la Wallonie. Déjà, le mot ne suscite pas l'apparition de fortes
représentations mentales ; ce n'est pas une valeur sûre à
la bourse des identités. En outre, la Wallonie n'est souvent
placée sur la carte que grâce à une manœuvre centralisatrice qui ne voit, en dehors de Bruxelles, qu'un « Nord »
et un « Sud » du pays. Et un « Sud », si à la rigueur cela fait
une merveilleuse terre de vacances, c'est sous-développé ;
et politiquement incorrect quand ses citoyens deviennent
des « Sudistes ». Mais si elle n'est plus qu'une « Région
wallonne », alors même ses attraits et ses réalisations sont
voués à se perdre définitivement dans le brouillard. Un
effet pervers de cette terminologie est en effet de dissocier
radicalement « Wallonie » et « Région wallonne ». Distinction bien douteuse, et grosse de dérives : fait-on de « la

France » et de « la République française » (pour ne pas rappeler ici le souvenir de « L'État français ») deux choses différentes ? Distingue-t-on « Belgique » et « Royaume de Belgique » ? La dissociation entre « Wallonie » et « Région wallonne » aboutit parfois à la schizophrénie. Par exemple, la presse ne parle jamais de la rigueur budgétaire de « la Wallonie » : si cette rigueur est à la rigueur mise en évidence, c'est celle de la « Région ». Par contre, si des grèves éclatent sur le sol wallon, ce sera « la Wallonie qui s'arrête ». Pourquoi ne pourrait-ce être « la Wallonie » qui est bien gérée ?

Parler non plus de Ministre-Président-de-l'exécutif-de-la-Région-wallonne, mais de Premier ministre de Wallonie n'est donc pas un luxe. C'est se débarrasser des stigmates du mépris dans lequel on est né. Et si c'est une provocation, celle-ci a la même nature que toutes les revendications démocratiques : intolérable. On comprend que certains le prennent vraiment mal : on se souvient que, lorsque Guy Spitaels, ancien Ministre-Président-de-etc. décida de parler de « gouvernement wallon », la presse nationale parla des années durant de « gouvernement autoproclamé ». Adjectif peu innocent, puisqu'il s'appliquait surtout, à l'époque, aux petits États nationalistes qui naissaient sur les cendres de la Yougoslavie assassinée.

Il y a quelques années, mais le souvenir en reste vif, une « Marche blanche » déferlait dans les rues de Bruxelles. Au-delà de leur colère, de leur émotion et de leur inquiétude, déclenchées par l'affaire Dutroux, les citoyens ainsi rassemblés exprimaient un malaise profond et général : leur méfiance vis-à-vis de la justice, de la police, des pouvoirs publics. Une méfiance paradoxale, puisqu'elle se portait sur des corps émanant d'eux-mêmes : des corps les représentant, pour les servir et les protéger. Mais surtout une méfiance dangereuse, puisqu'elle peut mener au poujadisme et, au-delà, à l'extrême droite. Une bonne part de ce malaise est imputable à la langue. Les lourdeurs, l'obscurité, la surcharge hypertechniciste, le politiquement correct : voilà des tares langagières – générales, mais qui ont leurs belles incarnations nationales, – bien propres à renforcer la suspicion du citoyen vis-à-vis du monde qui l'entoure.

Avoir une brique dans le ventre

La victoire sur l'univers que le Belge a peu cherché dans les aventures guerrières et dans les épopées coloniales, il la remporte ailleurs : dans le sport regardé ou dans les congés payés qui le mènent à la mer du Nord et à la Costa Blanca. Mais aussi dans la brique.

Le besoin d'affirmer sa personne face au monde, il l'assouvit dans sa rage édificatoire.

Le Belge a de la religion. Son livre de prière est un carnet d'épargne-logement. La propriété est son dogme. Le tabernacle de son culte est sa maison. Et sa grand-messe, bilingue comme il se doit, est le salon Batibouw.

À première vue, il n'y a là rien de proprement belge. Dans toutes les civilisations, l'habitat a toujours été une nécessité première. L'homme ne survit que grâce à l'aménagement d'un lieu qu'il s'approprie pour se protéger de l'agression du monde et y satisfaire ses autres besoins vitaux, de la nutrition à la reproduction en passant par le repos. D'où une nécessaire relation d'englobement : l'espace architectural est toujours un perçu du dedans.

Mais cet englobement peut être assuré de mille manières différentes. Vécu en-dedans, l'espace architectural est aussi et surtout un espace agi : le corps s'y inscrit et en use. Tout acte, aussi utilitaire soit-il, est ainsi déterminé par l'organisation spatiale, et, en retour, affecte cette organisation. D'où, de par le monde, l'immense variété des fonctions et des significations de l'habitat.

Et c'est ici que la spécificité belge se fait voir. Englobement ne veut pas nécessairement dire fermeture. Or, tout dans la maison belge vise à cette fermeture. On veut dire par là que sa fonction est d'exclure ou tout au moins de suspendre ce contrôle social qu'exprime si bien l'habitat hollandais, que chaque passant peut pénétrer du regard.

Dans un pays à la population dense, cette quête d'une appropriation individuelle de l'espace est un défi presque désespéré. Elle est aussi paradoxale, car tout semble par avance la vouer à l'échec. La pauvreté, qui est la chose la mieux partagée au monde, a ses contraintes. Elle impose la vie en cités, elle densifie l'habitat, et multiplie donc les occasions de contact. À l'autre extrémité de l'échelle sociale, l'obligation d'exhiber son originalité ou sa fortune produit des effets de contigüité et de tangence analogues.

Mais les défis stimulent l'imagination, c'est bien connu. Dans la richesse comme dans le dénuement, tout sera fait pour rétablir le caractère privé des espaces. Il s'agira de toujours y affirmer sa souveraineté ; de tracer une frontière entre le mien et le tien. Certes, on ne peut pas toujours garder une frontière militairement. Le Belge adulte, qui se souvient sans doute d'avoir, dans ses jeux d'enfance, proféré la formule performative « cric-crac je suis chez moi », recourra donc à des procédures symboliques pour rétablir une autorité constamment menacée par la compacité démographique.

Les modes et les techniques architecturales changent (aujourd'hui, plus de miroir-espion, mais l'étiquette « maison protégée par Sécuritasse » ou pour les plus nantis la discrète camera : la fonction reste. Les rideaux crochetés, les portes en alu, les barrières de bibelots derrière la vitre (vases chinois made in China, plantes vertes desséchées, douilles d'obus astiquées, statuettes poussiéreuses, bric-à-brac dans lequel on trouve parfois un chiot empaillé), les affiches annonçant un festival rock ou le bal du bourg-mestre, l'existence en façade d'une pièce dans laquelle on ne va jamais : autant de signes de démarcation, de sceaux attestant l'existence d'une juridiction. Et les fabricants d'autocollants « je monte la garde » (personnalisés : il existe des modèles pour rottweilers et d'autres pour bergers malinois) font fortune.

La culture des haies de thuyas est à la maison de banlieue ce que la miction est au chien : elle marque le territoire.

La maison belge est autosuffisante. Le souci constant d'assurer son autarcie par rapport au milieu explique, par contrecoup, le retard pris ici par le concept d'urbanisme : le mot y évoque plus la tracasserie administrative que la qualité environnementale. Et si « architecte » est un jour devenu une insulte à Bruxelles, une revue poujadiste était, dans mon enfance, tout entière consacrée à la dénonciation des méfaits de l'URSSbanisme. Quant aux « urbatectes » qui peuplent les cités obscures de Schuiten et Peeters, le nom qu'ils portent est certes encore vierge, mais on le sent déjà promis à la péjoration.

Cette autarcie hautement revendiquée a modelé le milieu belge : elle permet de faire la surprenante et parfois charmante rencontre de chalets suisses en plein *pajot-tenland* et d'haciendas andalouses au bord de torrents fagnards[1].

Que l'on n'aille pas croire qu'il y a là une manière de désordre. Un désordre que l'on corrigerait par des actions visant, de manière presque désespérée, à rétablir l'homogénéité du paysage en y érigeant des icones de l'activité qu'on y mène (hôtel-restaurant-paquebot à la Côte, friture[2] imitant un wagon à Bastogne, édifice destiné à abriter des instances européennes se donnant la divine et révélatrice forme d'un fromage...). Au contraire : cette diversité assure une lisibilité immédiate à chaque atome du paysage. Elle contribue à édifier un monde sans surprise, dominé qu'il est par le savoir préalable et par la généralité abstraite du concept. Elle a donc la même fonction que ces maisons clé en main que l'on sème à foison dans les lotissements : tout y est par avance identifiable. Ces constructions en kit, tôt chantées par Fantasio, offrent au premier venu le statut de maitre d'œuvre. Mais en lui donnant l'impression de gouverner sa destinée, elles l'intègrent en fait au consensus global.

L'existence de ce système d'identités fixes était naguère avouée crument par l'architecture belge.

Partout dans le monde, les formes, l'emplacement et les matériaux du bâtiment renvoient à la position et à la

---

[1] On trouve aussi la fermette à la flamande un peu partout en Wallonie. De sorte que là ça a cessé d'être incongru.
[2] Voir page 121.

107

posture sociales de l'occupant. Mais ici, la stratification sociale est inscrite dans les structures mêmes de l'habitat. La tripartition « maison d'ouvrier », « maison d'employé », « maison de maitre », trois modèles fortement différenciés et immédiatement repérables, a inscrit pour longtemps la hiérarchie dans le paysage urbain. L'espace déterminant les pratiques (tout le monde sait où se trouve la friteuse dans la maison d'employé : sur une planchette qui se trouve face à vous, au niveau du sol, quand vous ouvrez la porte de la cave), les gestes les plus anodins d'aujourd'hui sont contraints d'exprimer avec force la vision du monde élaborée hier par la bourgeoisie. Ordre intelligible, ordre immuable.

Faut-il s'étonner aussi qu'on retrouve cette stratification dans les structures de la langue ? La Belgique a en tout cas généré sa terminologie architecturale, aussi spécifique que sa terminologie culinaire. La « maison d'employé » a ainsi sa « belle place » (celle où on ne va jamais), la « maison de maitre » est une « maison bel-étage », avec sa « cuisine-cave », la « maison unifamiliale » peut être achetée « clé-sur-porte ». Cette spécificité du lexique vaut aussi pour l'extérieur (« jardin bien arboré ») comme pour les composants de l'édifice (« feu ouvert », « balatum », « tapis plain »), pour les accessoires qui l'encombrent (« boilers » et autres « lessiveuses »). Et comme le Belge n'a pas seulement une brique d'argile dans le ventre mais aussi une brique de savon dans la main (déjà du temps de Baudelaire…), cette richesse lexicale devient une véritable fortune lorsqu'il s'agit de parler du nettoyage de la maison : la « femme d'ouvrage » (ou sa commère la « femme à journée ») ne peut qu'hésiter devant la profusion des « loques à poussière », des « chamoisettes », des « raclettes » et des « mops ». Et n'oublions pas que le Belge appartient au seul peuple qui place ses couleurs nationales sur les serpillières.

Construire, c'est bien plus qu'habiter. C'est assurer l'expansion et la stabilisation du moi dans l'espace. D'où la propagation gangrenante de l'habitat belge.

La Hollande, dont la densité démographique est bien supérieure, s'est souciée de contenir sa population dans des périmètres nettement circonscrits. De sorte qu'il y a entre ville et campagne une véritable suture. La Belgique a quant à elle opté pour la fusion. Les routes ont ainsi cessé d'être des instruments de traversée : elles sont des pseudopodes urbains, ou encore des canalisations d'où les agglomérations fuient et se répandent.

Le Belge a ainsi réalisé le programme d'Alphonse Allais : bâtir les villes à la campagne, puisque l'air y est plus pur.

Conserver les façades

À Bruxelles, chez les architectes, urbanistes et citoyens préoccupés du sort de leur ville, est né un néologisme : façadisme.

Le façadisme est une technique hégélienne, en ceci qu'elle opère la synthèse entre la destruction de l'histoire et son exaltation. C'est donc, transposée au domaine de la construction, la nouvelle mouture d'une formule qui fait bien de l'usage en politique : celle de la continuité dans le changement (ou du changement dans la continuité : à force, on ne sait plus bien).

Le jeu du façadisme consiste, pour un promoteur, à jeter son dévolu sur un édifice modern style, ou nouille, ou zinneke ; à jeter à bas tout l'édifice, comme un fruit qu'on évide, en faisant soigneusement attention à n'en pas perdre la face ; à construire derrière ce front un volume architectural généralement quelconque mais le plus souvent parallélépipédique ; à équiper ledit volume de tout ce qui apparait comme nécessaire – lignes téléphoniques, mess, bureaux directoraux, halls, secrétariats, coffres-forts, réseaux informatiques, postes de sécurité, éclairages halogènes, herses et pont-levis, ratons laveurs –, et enfin de vendre (ou louer, leaser, emphitéotiser, vandenboye-nansiser, charliedepauwiser, etc.) ledit volume à un bureau européen ou à une autre multinationale *eiusdem farinæ*. Le joueur rafle alors la mise. La subtilité et le brio du façadiste ne s'admirent jamais mieux qu'au moment précis où il est parvenu à du passé faire table rase tout en maintenant en position verticale les pierres ou les briques de la façade, grâce à un subtil jeu d'échafaudages et d'étançons : pendant un bref laps de temps, que la satisfaction de soi, le gout de l'art et celui de la prouesse rendraient sans nul doute plus long si les indemnités de retard ne menaçaient pas les infortunés entrepreneurs – mais cette brièveté même, qui est celle des choses que l'on doit aimer car on risque de ne pas les voir deux fois, rend l'exploit plus remarquable encore –, une mince galette de parpaings ou une infime feuille de chantignoles à la verticalité improbable semble miraculeusement surgir du sol, résiste au vent, au charroi et à la pluie, et se propose à l'admiration du passant.

Dialectique, le façadisme l'est encore en ceci qu'il vise à conjoindre deux types d'espace : un espace vertical, dans lequel se déploie le passé conservé, et un espace horizontal, qui accueille les activités nouvelles que le façadiste entend promouvoir.

La façade est donc un peu comme la contrainte de la rime et du mètre dans le sonnet : un obstacle qui excite la créativité. Car obstacle, la donnée historique l'est, à n'en point douter. Un obstacle dont se rit le poète méconnu qu'est l'entrepreneur. On note donc avec intérêt que la verticalité, traditionnellement liée à ce qui est noble en l'homme, et qui symbolise fréquemment la croissance et donc l'avenir, caractérise ici le passé et reçoit le statut de vestige. Renversement de perspective auprès duquel la révolution copernicienne apparait comme de la roupie de sansonnet. Car si dans l'univers façadiste l'espace vertical

111

est celui de la rétention, le second est celui du dynamisme. L'aménagement de l'espace généralement parallélépipédique, où tout est moquette et effets paysagers, vise en effet à fluidifier la circulation. Celle des humains (dont la fluidité peut aller jusqu'à la flexibilité. De l'emploi) comme celle des effets et symboles monétaires.

La dialectique est enfin celle de la force et de l'asthénie. Le premier espace est en effet celui de la fragilité. Sans le laborieux et bien visible réseau des tubulures et des chevalements, des contreforts et des béquilles, qui la prennent comme entre des pincettes, la façade ne serait bientôt plus que gravats poussiéreux, à évacuer au plus tôt. On ne peut mieux signifier que le maintien de la relique ne repose sur aucune nécessité interne. Et que sa conservation est de l'ordre de la dépense gratuite. Juste pour faire plaisir à certains maniaques, quoi. Par quoi le façadisme exhibe la grandeur d'âme et la tolérance du maitre d'œuvre et de l'univers qu'il représente.

On mépriserait injustement le façadisme si on le ravalait au rang de simple technique architecturale. Comme le suggère fort bien le caractère triplement dialectique de l'activité, et comme l'indique assez le suffixe –isme, c'est aussi une doctrine (bien que le suffixe entre également dans la formation de certains noms de maladie). Une doctrine qui exploite les vertus de la chose que le suffixe désigne à notre attention. Ici, les vertus de la façade. Or qu'est-ce qu'une façade ? La face antérieure d'un bâtiment, certes. Mais quelle est la principale propriété de la devanture ?

On le sait : c'est d'être bien exposée à la vue, et de jouer de son apparence (celle-ci pouvant fréquemment être trompeuse). Pratiquer le façadisme, c'est donc une manière plus élégante de dire que l'on fait les choses pour la façade. Et suggérer que le brio architectural déployé est un brio de façade.

On s'avise donc que si, en tant que technique, le façadisme déploie surtout ses réussites dans la Capitale (notez la capitale), en tant qu'idéologie, elle correspond à une vertu authentiquement nationale. Celle qui consiste à endimancher les vérités, à orner les nudités, et à sculpter des principes éternels dans la matière des solutions *ad hoc*. Celle qui consiste à faire les choses en disant qu'on ne les fait pas, ce que la rhétorique ancienne appelait prétérition (ici, les immeubles façadisés cachent au citoyen piéton qu'on a vendu ses rues depuis belle lurette, en prétendant que son titre de propriété est encore là sous ses yeux).

Version noble du bricolage, le façadisme est à l'urbanisme ce que le rafistolage est aux arts ménagers, ce que le replâtrage est aux murs fatigués ou à la vie des couples, et ce que l'accommodation des restes est à la gastronomie. De sorte qu'on peut le parier : un pays versé dans l'art du façadisme sera vraisemblablement également bien équipé pour baptiser carpes les lapins, ou pour faire passer les vessies pour des lanternes.

Ce sont en effet toutes activités dans lesquelles l'imagination ne se déploie jamais aussi bien que pour assurer la victoire du manque d'imagination.

Manger

Les anthropologues vous le diront : une partie importante des activités humaines consiste à jeter des ponts entre les aspects contradictoires du réel. C'est ce que font l'art et le symbole, et, bien sûr, le mythe. Nous pouvons ainsi échapper, par le verbe et la pensée, à ces grandes oppositions qui structurent nos univers en réseaux antinomiques : l'inerte et le vivant, le matériel et le spirituel, nature et culture, humanité et transcendance. Cette pratique, qui est au cœur de toutes les cultures, porte le nom de médiation.

La médiation symbolique consiste à modifier deux termes inconciliables (par exemple la vie et la mort) en leur trouvant deux représentants (par exemple la guerre et l'agriculture, activités humaines qui sont entre elles comme mort et vie), équivalents moins radicalement exclusifs : entre guerre, où l'on tue (sans se nourrir), et agriculture (qui permet de manger, sans tuer), il y a en effet la chasse, où l'on tue pour manger. Et l'on comprend donc pourquoi toutes les cultures ont sacralisé cette pratique, où vie et mort dansent un pas de deux. Nombre d'autres activités présentent ce caractère médiateur – les contraires y restent contraires, mais admettent qu'il est possible de racheter leur contrariété – : le vol, le labour, le jeu, l'amour, la création... Dans le vol, l'homme subit le ciel, mais l'affronte, comme Icare, pour y marquer sa trainée ; dans le labour, il marque la terre ennemie de son sillon ;

dans l'amour, une brève union mime l'abolition durable de l'irréductibilité des êtres. Même des objets isolés – et non plus des procès – peuvent remplir cette fonction. Il en va ainsi de l'arbre : il dynamise l'opposition entre cette horizontalité à quoi nous condamne le poids du réel et la verticalité de nos aspirations.

Parmi les pratiques les plus puissamment médiatrices, on trouve assurément la manducation et la libation. Comme l'amour, elles font communiquer l'intérieur de notre enveloppe corporelle – notre prison à perpétuité – avec la totalité du monde extérieur, que nous nous assimilons ainsi. Et ce n'est pas seulement l'acte d'ingestion qui est médiateur : l'élaboration des aliments participe aussi au mythe. L'autonomie de l'univers n'y est pas abolie (le blé pousse, la vigne meurt du gel), mais en même temps l'artifice humain y est total : ni le pain ni le vin n'existent dans la nature, que l'homme culturalise par le pétrissage et la fermentation.

Faut-il dès lors s'étonner que toutes les cultures aient investi dans leur cuisine ? Elles font volontiers de celle-ci la synecdoque d'elles-mêmes. Elles la dotent d'une haute valeur émotionnelle, de sorte que cette cuisine suscite des sentiments d'allégeance ou de fidélité comparables à ceux que peuvent induire la foi religieuse, le lien familial ou l'engagement politique. Dans ses *Mythologies*, Barthes montre ainsi que, pour tel militaire français retrouvant son pays après une captivité, la consommation d'un bifteck-frites était bien autre chose que la satisfaction d'un besoin physiologique : un rite sacré par lequel il se réappropriait sa francité. Et souvent, il ne reste à l'exilé que cette bouée identitaire : dans le secret de son chez lui, cultiver ses plats nationaux.

On comprendra donc qu'il n'y a pas d'objet suscitant de jugements plus péremptoires que la chère : en cette matière, chacun est convaincu de détenir la vérité, une et sainte, et regarde l'hétérodoxe avec pitié ou mépris (« le vrai stoemp, c'est comme ça et pas autrement », « dans la vraie carbonnade, il y a de la trappiste », « la vraie orthographe de lacquement, c'est lackmans », « le seul vrai truc vient de Machin »). La bouffe, ça nourrit aussi la conversation des imbéciles heureux ou malheureux qui sont nés quelque part, dont nous sommes tous. Et, autant que la vêture ou la couleur de la peau, elle constitue un indice assuré d'altérité : « Eh, va donc, macaroni ! » (ou « rosbif » ou « mangeur de grenouilles » ; on n'a pas relevé d'attestation de « eh, va donc, frite ! », mais la matrice est prête à l'emploi).

Seule peut-être la langue joue un rôle identificateur aussi fort : toutes les cultures connaissent un avatar de la formule « De tael is gansch het volk », la langue est tout le peuple. Depuis Cioran, qui nous dit, « on n'habite pas un pays, on habite une langue », jusqu'à la poésie tzigane, qui affirme « Dis-moi/ dis-moi, le rom,/ où est notre terre,/ nos montagnes, nos fleuves,/ nos champs et nos forêts ?/ Où sont nos tombes ?/ Ils sont dans les mots,/ Dans les mots de notre langue ! » Au demeurant mobilisés par les mêmes organes, cuisine et langue ont ainsi partie liées dans la constitution du moi social ; et elles jouent si quotidiennement ce rôle que ceux qui en usent sont nécessairement aveugles à leur vraie signification. Nous n'en redevenons conscients que lorsqu'elles viennent à manquer, ou qu'elles cessent d'être des automatismes. Et – autre lien entre langue et nourriture – ce qu'il y a de plus spécifique à une cuisine génère une terminologie, qui du coup devient un autre marqueur collectif. Les répertoires de belgicismes s'épuisent ainsi à énumérer mille mots de bouche : pain platine, pain de ménage, pain intégral, cramique ; et puis cougnou et cougnole ; puis encore le craquelin, la gosette et le gosot, le vaution, le merveilleux, la bouquette, le caliche, les caraques, les nicnacs, l'esse et la mastelle ; le bolus, le boding, les smoetebollen et croustillons ; les vitoulets, les fricadelles, les choesels et les oiseaux sans têtes, le bloempanch, le filet d'Anvers, le pâté gaumais et la flamiche ; l'altesse, la crottée, la groseille grise ou verte, la ramonasse, le petit chou ; le corin et le sirop ; la maquée, le platekees, le ou la potkèse ; les caricoles, le boestring, l'elbot et la scholle ; le falan et le spirlingue, le matoufèt et le touillis, la pape au riz et la panade, le pékèt et le remoudou. Tout cela qui, agencé, fera le waterzooi, les carbonnades flamandes, la salade liégeoise ou l'anguille au vert. Et tout ce casse-tête des chiques, des boules, des bonbons, des biscuits, des chicklets, qui a inspiré un inoubliable clip vidéo où la Communauté française confisque la Belgique résiduelle ! Et puis, et puis, tous ces noms d'ustensiles ou d'accessoires : beurrière, poêlon, casserole à press... mais sapristi !, est-ce que l'évocation des plaisirs

117

de la bouche (et peut-être l'influence de Charles De Coster) ne tendrait pas, là, à faire de moi un entasseur[1] ?

Vite, fuyons vite l'entassement – mais pas sans avoir salué quand même ces incontournables concentrés de belgitude : le chicon, le speculoos, le cuberdon, la praline, les moules-frites… – pour aller aux questions essentielles : de quelles valeurs la cuisine belge est-elle secrètement investie ? que signifient ses traits saillants ? quelles médiations propose-t-elle à notre insu ?

Le premier caractère de la cuisine belge est le poids.

Le vin élève, quand la bière appesantit. Consommé à l'excès, le premier vous propulse dans le rêve, tandis que la seconde vous étend. Mais le tropisme vers le bas ne signifie pas bassesse morale : d'ailleurs, ici, les artistes en matière de bière sont des artisans de spiritualité : les moines (qui, sous d'autres cieux, se spécialisent plutôt en liqueurs). Donc, point de légèreté, mais de la gravité. (Et il n'est pas nécessaire d'avoir goûté aux calembours de Shakespeare pour savoir que si le mot « grave » renvoie au sérieux, il veut aussi dire « tombe » en anglais, et pour constater que « bière » a un sens funèbre). Cette pesanteur, nous la retrouvons partout, depuis le stoemp jusqu'au boudin aux choux. Quant au vol-au-vent, dont le nom est tout aérien, il risque peu de s'envoler : par le haut, la béchamel vient noyer la délicate croute, ce qui crée en bas un marécage où la pâte croquante s'enlise ; et, entre

---

[1] Voir pages 151-153.

haut et bas, la couronne – ne pas oublier que ce vol-là décline la bouchée à la reine et que nous sommes en monarchie – est lestée par tout ce que la sauce dissimule. On peut aussi penser au boulet (sauce lapin, évidemment), que d'aucuns voudraient voir inscrit au patrimoine immatériel de l'humanité (immatériel ! quel goût pour l'oxymore !) : son nom même me dispense de tout commentaire. Même si en maints endroits, la chose s'offre à l'appétit du forçat de la table belge sous le nom à peine plus pardonnable de boulette.

La cuisine belge obéit donc à la loi de pesanteur.

D'ailleurs, la terre, qui est basse, n'est jamais loin. Le tubercule belge par excellence ne cesse de rappeler cette origine. Il déclare à celui qui le consomme : « Je suis d'ici, je sors de la terre, de ta terre. Mieux : je suis la terre. J'en porte le nom, j'en ai la couleur, j'en ai l'absence de formes. Or la terre, c'est le sol, et le sol, c'est la Patrie. Je suis ta Patrie ». Et qu'on ne vienne pas dire que la présence chez nous de la belle est récente, qu'elle est une immigrée ! La glèbe l'a naturalisée, et le lointain s'est fait proche.

Mais cette proximité se mérite, comme toute naturalisation. La pomme doit être arrachée à la terre, dont elle se distingue finalement. Et le travail de la terre est à la fois sujétion à la nature et domestication de sa force dans sa transformation en énergie.

C'est ici qu'il faut aborder un autre trait de la table belge : sa puissance et son abondance. Un mien ami allemand définissait ainsi cette table : la cuisine française en quantités flamandes. Manifestation de cette générosité : les moules-frites. Les deux composantes de ce plat illustrent le principe « à volonté », que les agences de voyages ont aujourd'hui vulgarisé en le dissimulant dans la formule « all in ». Mais elles l'illustrent dans le régime du continu. En effet, le rôti et le hamburger sont des unités discrètes ; leurs contours sont nets, et l'espace dans lequel ils s'inscrivent est cadastré. La masse des moules, elle, est indistincte, sans pourtours définis, et le tas de frite qui l'accompagne a la complexité du mikado. Le grouillement vital, saisi en plein élan par la cuisson. Il n'est pas jusqu'au récipient idéal pour les mollusques – la casserole, qui vient jusqu'à la table – qui ne renvoie à cette indistinction. Abolissant l'opposition entre l'avant et l'après, se refusant à stabiliser le produit fini dans l'assiette, la casserole est le signe du dynamisme de la préparation. On comprend donc la fascination que suscite l'œuvre de Marcel Broodthaers.

Mais contrairement au mythe colporté par les syndicats d'initiative, prompts à user des expressions « pays de cocagne » et « luilekkerland », cette générosité n'est pas synonyme d'excès. La quantité est aussi symptôme de conscience, de sérieux et d'opiniâtreté. La cuisine belge est mijotée, prolongée, poursuivie, *reconduite*. Elle a fait de la répétition son rite. Prenez la frite, par exemple, transformat de la pomme de terre et parangon du mets belge (plus monopolistiquement belge encore depuis que les *french fries* ont outre-Atlantique cédé la place aux *liberty fries*). Sa texture a son secret, sa croustillance a son mystère, mystère jamais percé par ces étrangers qui, à Rio ou à Tombouctou, s'épuisent à offrir à leur clientèle de simples verges flaccides et graisseuses. Eh bien, le secret est simple ; il s'énonce en une règle limpide : à la maison comme à la friture[2], la friteuse frit toujours deux fois. La frite belge entend faire mentir l'adage selon lequel on ne se baigne jamais deux fois dans le même fleuve.

Donc, la répétition : une règle. Elle n'avait pas échappé à Baudelaire, pour qui la gueuze était « une bière deux fois bue ». Ni aux Binchois, pour qui il est inimaginable de se limiter à une seule crêpe au fromage, et qui pour cela les appelle des doubles.

Comment s'étonner que la Belgique perdure et soit continuellement reconduite, si sa cuisine obéit secrètement à un principe de rémanence ?

Mais l'abondance peut aussi être signe d'insécurité (laquelle n'est donc pas que linguistique) : la quantité est la qualité de qui n'est pas sûr de soi. L'abondance se fait alors redondance. Une redondance qui peut parfois aller jusqu'au bégaiement : c'est tantôt le vol-au-vent (dont le nom même frise le pléonasme), qu'on sert toujours avec des frites, doublant ainsi parce qu'on ne sait jamais la ration de féculents de l'amateur ; c'est la mitraillette, qui fait de même en associant pain et frites ; et on conte que parfois, bière et genièvre... (On s'étonne – et on est même

---

[2] Jusqu'à ma mort, je me refuserai à dire friterie. Seules les fritures me garantissent la frite coupée main et déjà lourde de moutarde à venir.

à deux doigts d'être vexé – de constater que la poutine, autre chef d'œuvre de redondance, n'est pas née ici mais sur les bords du Saint-Laurent). C'est Hergé, je pense, qui disait que le trait distinctif principal du Belgicain, ce Belge superlatif, est de porter à la fois une ceinture et des bretelles.

La frite, toujours elle, est une merveilleuse médiatrice. Fille de la pomme de terre, elle est tout le contraire du portrait de sa mère. Celle-ci amorphe, même pas fractale, celle-là toute de rigueur et de géométrie ; la pomme de terre est magma, la frite est design (c'est sûr : la ligne claire ne pouvait devenir doctrine esthétique que dans un pays voué à la frite) ; là où la patate est sombre, la frite affiche une éclatante blondeur. Grâce à elle, l'obscurité devient clarté, plus sûrement que chez Corneille. Et surtout, l'ordre règne. Comestible structure. Même lorsque le consommateur vulgaire s'emploie à la noyer sous la mayonnaise ou la tartare, dans le cône de papier, et à ainsi la faire fléchir, la frite résiste : tout au fond du cornet subsistent toujours de petites esquilles anguleuse qui blessent le doigt de l'impudent, et le rappellent à l'ordre.

Cette modeste mais solide chaine de médiations, le poète André Théâte a bien su la célébrer :

Les paumes déterrent
les pommes de terre
Les doigts subtils
des gras frituriers de ma ville

en font
– voyons… –
un centimètre sur un, sur huit,
des frites
Et puis les lourds
les lourds paysans du Limbourg
les mangent
et s'en retournent au plat pays
où, là,
leurs paumes déterrent leurs pommes de terre[3]

On a pointé plus haut la spécificité de l'habitat belge, tout entier tendu vers l'appropriation individuelle de l'espace, et qui médie ville et campagne. Rabattre le lointain sur l'intime : voilà ce que fait aussi la belge bouche.

Prenez le chicon, concentré de médiation. Quoi de plus asservi aux espaces clos que ce pâle objet du désir ? quel végétal est moins végétal, poussant comme il le fait à l'abri de toute lumière ? Oui, l'espace urbain, comme envers de la nature, est bien le père de l'amer chicon : on le force dans des caves obscures, et la terre-mère n'est pour ce hors-sol qu'un espoir ou n'est plus qu'une nostalgie. Ainsi, terre et non-terre, ville et campagne se marient dans cette maquette du pays. Oui, le chicon, plus belge encore quand son nom se prononce « witloof », est bien l'or blanc du royaume. La légende veut d'ailleurs qu'on ait inventé cet aliment *zinneke* à Bruxelles – non, même pas : à

---

[3] Le retour de Parmentier, *Écritures* 69, p. 47.

Schaarbeek, banlieue[4] – : lorsqu'en 1830, un paysan voulut mettre à l'abri ses modestes richesses, lors des modestes troubles d'où allait naitre une Belgique indépendante. Deux accidents concomitants. Deux sérendipités. Deux créatures de laboratoire. Deux légumes non-identifiés[5].

Prenez aussi le chocolat : boisson des dieux chez les lointains Aztèques, qui la tenaient eux-mêmes des Mayas, âpre médication, aphrodisiaque et sentant le diable, la chose s'est convertie chez nous, et a perdu ses dimensions cosmiques en même temps que son amertume. Le chocolat est ainsi devenu le compagnon fidèle de la boisson la plus domestique et la plus familiale qui soit : le café (« venez donc boire le café à la maison »). Ce café, jadis allochtone lui aussi (comme nous le rappellent les boites en fer blanc des collections) (allochtone apprivoisé grâce au ramponneau, à la jatte et à la plate-buse) (et même parfois réduit à l'état de lapette et de laperotte). Et comme pour mieux signifier cette inscription dans le registre de l'intime, ce chocolat des maisons s'est donné une forme basique et compacte, poussant parfois la modestie jusqu'à s'effacer sous un emballage brillant : il s'est fait praline. Cette dialectique du lointain et du ténu, du fluent et du compact, du spectaculaire et du retenu, où l'espace infini

---

[4] On va y revenir, à la banlieue...

[5] Après André Théate, qu'il me soit permis de citer ici Pierre Desproges : « L'homme qui s'adonne à l'endive [nom français du chicon] est aisément reconnaissable : sa démarche est moyenne, la fièvre n'est pas dans ses yeux, il n'a pas de colère et sourit au guichet des Assedic. Il lit *Télé 7 jours*. Il aime tendrement la banalité. Aux beaux jours, il vote, légèrement persuadé que cela sert à quelque chose. »

des origines se resserre dans un volume discret, on la retrouve partout : dans le cuberdon, qui ne serait rien sans la gomme arabique, dans le laquemant, dont le secret s'appelle fleur d'oranger[6].

Domestiquer les géographies, et pour cela les subvertir. Rendre l'univers inoffensif, en le concentrant dans la placide assiette, où l'on n'en fera qu'une bouchée : telle est la mission secrète du cannibale ; tel est le mandat du filet américain, qui ne l'est pas, pas plus que la couque suisse n'est suisse et que le pain à la grecque n'est hellène. (Et ne parlons pas du pain français, qu'on chercherait en vain en France, où tous les pains que vend le boulanger sont français). Ce que la Belgique ne réussit guère avec ses sans-papiers – intégrer –, elle l'a depuis longtemps réussi avec sa cuisine : avec l'escavèche, qui n'est plus espagnole que par sa lointaine étymologie, avec la glace à l'italienne, sereinement naturalisée sous le nom de crème-glace.

Oui, la cuisine est l'âme d'une collectivité. *Ergo*, dans la mesure où – je l'ai suffisamment établi j'espère – c'est à la Côte que palpite ce qui subsiste de l'âme belge, le hardi explorateur devra fatalement découvrir sur ce terrain ce qui est le plus propre aux peuples : une cuisine. Et de fait. Fleurons de cet art côtier : la tomate-crevette, qui marie Mer du Nord et Méditerranée, la paronomastique croquette-crevette, qui consacre la fusion intime des deux règnes du vivant, les frites (toujours les frites…) qu'on ra-

---

[6] Seule la sauvagerie orthographique du nom n'a pu être domptée.

mène de chez Tante Mieke, dans une soupière, les pistolets qu'un aventureux représentant de chaque tribu va chercher le matin, les babeluttes, les fruits de mer en chocolat (toujours le chocolat…). Une cuisine qui intègre et subsume la totalité des essences nationales (ah ! le mariage d'amour de la gaufre de Bruxelles et de la gaufre liégeoise !). Et dans sa cuisine, cette culture a élaboré des échelles de légitimité et de qualité qui créent la connivence en même temps qu'elles rétablissent les distinctions là où les vacances pourraient d'aventure les estomper : une gaufre oui, mais de Moeder Siska ; une glace allez, mais de chez Verdonck ; un verre d'accord, mais un Pimm's. Parce que la nourriture, comme la langue, classe et déclasse.

Oui, aller à la mer : sans doute est-ce là la médiation suprême. Car c'est participer à cette alchimie dans laquelle le sel – qui appartient à la fois aux frites et à l'eau – médie et rachète l'opposition de la terre et du large.

Être *nafteur*

Le Belge ayant construit ses villes à la campagne, le centre de ces villes est partout, et leur périphérie nulle part. À moins que, par un retournement copernicien, la périphérie ne soit partout, et le centre nulle part.

Il n'y a donc pas de banlieue en Belgique. On n'y connaît pas cette coupure radicale entre la ville et ces zones de grands ensembles, que l'on nomme « cités » alors qu'elles sont tout le contraire de cités.

À moins qu'il y ait un excès de périphérie et de banlieue.

Car qu'est-ce que la périphérie ? Ce n'est pas la ville, mais c'est une promesse de ville. Ce n'est pas la nature, mais c'est déjà sa première senteur.

La périphérie est donc le lieu idéal pour l'observation. Tout près mais pas dedans, dehors mais pas loin, le périphérique est traditionnellement un scrutateur. Dans ses allées et venues, il aiguise ses dons d'anthropologue. Portier, il voit ce qui entre et ce qui sort, sait ce qui passe.

Mais cette position médiatrice, qui affute sa sensibilité, est aussi la source de son inconfort. D'un côté, le périphérique n'a pas l'assurance du citadin. De l'autre, il n'a pas les certitudes du rural.

De là ses fragilités, que l'on attribue peut-être un peu vite à la proximité d'autres cultures ; cultures que le périphérique, singeant en cela le citadin, a parfois tôt fait de nommer barbares.

La banlieue a, on le sait, sa langue propre. Celle-ci est souvent facteur d'exclusion. Elle suscite en tout cas la vulnérabilité (que le périphérique attribue peut-être un peu vite à ces parlers nés chez lui et proches de La Grande Langue, mais moins légitimes qu'elle, parlers qui se grommèlent à chaque instant en ses oreilles). Elle a aussi un potentiel de créativité dont certains romantiques, qui iraient jusqu'à faire des privilégiés des habitants du ghetto, sont parfois bien jaloux.

Le statut de périphérique présente parfois des avantages.

La position qu'il occupe sécrète ainsi des complicités à longue distance. La complicité des excentrés n'est pas un vain mot. En effet, les banlieusards le savent, comme ceux qui viennent de loin : on circule plus vite et mieux sur les boulevards extérieurs que dans les rues de traverse, on est plus vite sorti de la ville et de ses encombrements, pour rejoindre les grands espaces.

Parce qu'elle rend inévitable le contact et le frottement, la banlieue est par excellence le lieu du contrôle social. Mais, parce qu'elle est zone frontière, elle est parfois zone franche. Frontalier, le périphérique se fait alors contrebandier.

Enfin, la fragilité développe la conscience de soi : c'est bien connu. Voilà pourquoi, à côté des garde champêtres et des flics de quartier, à côté de ceux qui viennent braconner et marauder jusque dans les potagers de la banlieue, on trouve dans celle-ci une appréciable proportion de jardiniers, de botanistes et d'experts en biotechnique.

Le périphérique est un artiste de la gestion des espaces. Vivant à cet endroit exact où la concentration urbaine se relâche, mais où la densité empêche d'être seul, il s'y entend à mimer la campagne autour de son pavillon, et à tirer un bon parti de la moindre parcelle de terre disponible. D'un côté il recrée des intimités là où il y a trop de mitoyennetés. De l'autre il remplit les vides, dont il a horreur.

L'espace, le périphérique l'occupe aussi par ses déplacements pendulaires. Pour désigner le zonier en mouvement, on a même inventé un mot qui n'existe qu'en Belgique : « navetteur ». Et si d'aventure ce mot réussissait à s'exporter, sa prononciation resterait une spécialité locale ; on dit : *nafteur*. Mais le nafteur n'est pas un grand voyageur, même si les grands espaces ne sont pas loin. La distance, il la redoute ; et l'exagère, d'ailleurs. Et les moyens de transport dont il dispose créent, ou exploitent, chez lui le tropisme du centre.

Autour de la ville, la périphérie est une couronne. Normal dans une monarchie constitutionnelle.

La périphérie ne saurait être vraiment autonome. Elle dépend de la ville pour ses besoins et ses fonctions. Le nafteur est donc condamné à se sentir incomplet. De sorte que la périphérie est à la fois couronnante et sujette. Qui y habite sait qu'il est mis à distance, et peut au même moment vivre la menue satisfaction de soi.

Un petit noyau de banlieusards rêve de vivre en ville. Se promet d'y prendre un appartement. Une proportion bien plus importante de banlieusards fuit la ville. Mais ne peut s'en passer.

Le Belge est un périphérique.

Une opposition structurante :
Anderlecht *vs* Standard

S'il faut en croire les structuralistes, le monde du pensable est puissamment organisé par des oppositions fondamentales et fondatrices, que nous avons vu fonctionner avec la cuisine, comme avec la grandeur et la petitesse : le cru et le cuit, le chaud et le froid, le diable et le bon dieu, les dyonisiaques et les apolliniens, le yin et le yang, bordeau et bourgogne, Coppi et Bartali ; pour ne rien dire de Roux et Combaluzier, Moët et Chandon, Charybde et Scylla. Les mêmes structuralistes vous expliqueront que ces paires contrastées sont des modèles qui vous permettent de mieux comprendre l'univers : le grouillement apparemment sans ordre qui fait celui-ci se laissant docilement ordonner par celles-là.

Parmi toutes ces oppositions régulatrices, il en est une qui brille par sa puissance et son universalité. En tout cas elle fonde solidement la Belgique, par-delà les clivages linguistiques. Exploit dans lequel elle n'est guère concurrencée que par la Côte. Cette opposition, qui s'était d'ailleurs déjà imposée au lecteur, c'est : Standard *versus* Anderlecht.

Anderlecht n'est qu'élégance. Son joueur pose le regard sur le ballon, évalue la situation, et agit avec retenue. Le Standard est roufe-tot-djus. Son joueur se bat avec la balle, mord sur sa chique et fonce. Il travaille, lui. D'ailleurs, le premier est un actionnaire, qui gère son capital avec conscience. Le second est un prolétaire, qui n'a que ses jambes à vendre. Le premier lit les pages saumon du *Figaro*, le second la « une » bigarrée de *La Meuse*.

Anderlecht c'est la science. Le Standard, le courage. C'est la ruse et la force. Ulysse *vs* Achille. L'Odyssée *vs* l'Iliade.

Les tenues des Anderlechtois sont profilées comme des Formule 1. Élargies à l'embouchure du col, elles épousent les formes des sprinters et ne laissent aucune prise aux tirages de maillot. Les tenues des Standardmen s'appellent encore des vareuses : épaisses et franches aux coudées, elles sont unitailles et refusent la coquetterie et l'illusion du muscle, au profit de l'identification collective. Les maillots d'Anderlecht résistent mal aux panses à bière. Les vareuses du Standard n'ont pas peur des taches.

Anderlecht est insolemment fier. Le Standard est fier de son insolence.

Anderlecht est froid. Le Standard est chaud. D'ailleurs, le stade de l'un est un parc ; celui de l'autre est un chaudron.

L'un est fait d'individualités, l'autre est une famille.

Si les maillots de leurs joueurs n'avaient pas les couleurs que l'on sait, le Standard serait maillot jaune, Anderlecht maillot vert.

Anderlecht célèbre un sacre, et sable le champagne. Le Standard fête un exploit, et fait péter la chope. L'Anderlechtois s'enorgueillit, le Standarman s'enivre.

Le rouge qui trahit est banni. Le mauve qui trahit est vendu.

Anderlecht est aristo. Le Standard est populo.

Le supporteur d'Anderlecht va au football comme on va à la Villa Lorraine : se réjouissant intelligemment, salivant avec distinction et retenue. Le supporteur du Standard y va comme on va au café Lequet : tonitruant, jubilant grassement en pensant aux sauces et à la mayonnaise. Le premier est laïc, le second est croyant. L'un a le sérieux du Nord, l'autre le cœur sur la Méditerranée.

L'un a des exigences et des ambitions ; l'autre cultive la complaisance et le fatalisme.

Le premier a un contrat avec son club. Il l'a signé avec un stylo Mont Blanc. Et la convention comporte une clause de révision quadriennale. Le second a un pacte. Il l'a garanti de son sang, ah mais. C'est un engagement éternel.

Anderlecht, c'est le club de la capitale, tandis que... ah non, ça, ce n'est pas une opposition : le Standard, c'est aussi le club de la capitale. Même qu'elle est plus capitale que l'autre, parce qu'elle est plus ancienne, bien plus ancienne, dans son statut de capitale.

Anderlecht et Standard sont entre eux comme constance et fidélité.

Anderlecht est jouteur, le Standard lutteur. Anderlecht est pugnace, le Standard combattif. Anderlecht est accrocheur, le Standard bagarreur. Anderlecht est incandescent, le Standard ardent. Le Standard est flamboyant, Anderlecht étincelant. Le Standard est agressif, Anderlecht offensif. Le Standard est têtu, Anderlecht tenace. Le Standard aveuglant, Anderlecht lumineux.

L'orchestre d'Anderlecht fait de la musique de chambre au salon. Le Standard donne un sens plus pur aux shoots de la tribu.

Le Standard c'est Aristote. Anderlecht c'est Platon.

Pourquoi ce livre

Être ou ne pas être belge

Ça a commencé assez tôt.

Pourtant, rien ne le laissait prévoir. Car on sortait de la guerre. Et sur les marchés, à la sortie des stades, à la fin des messes, on vendait au profit de je ne sais plus quoi mais ça n'a pas d'importance des petits rubans et des cocardes aux trois couleurs (les mêmes que sur les torchons qui servaient à éponger les sols). Dans ma classe à l'école primaire, à côté du panneau qui m'a initié à la poésie parce qu'il disait, en lettres bien rondes, « le marron tombe, cloc, les marrons tombent, cloc cloc », il y avait une inamovible et incontestable photo du roi Léopold, rendue acceptable par celle de la reine (Astrid, évidemment). Déjà à la maternelle, dans nos cahiers de dessin et sur les tableaux noirs, on entrecroisait des drapeaux belges et français, symboles de l'amitié traditionnelle et indéfectible entre nos deux grands peuples. Parfois, mais c'était drôlement plus difficile à dessiner, on y ajoutait le drapeau américain – combien d'étoiles encore ? – et les redoutables croix britanniques (le drapeau rouge d'une biblique simplicité, lui, que dans leur enthousiasme naïf des distraits auraient ajouté quelques années auparavant avait évidemment disparu). Ah monsieur, l'école jouait bien son rôle à l'époque ! On défilait dans les rues, en des occasions qui ont à jamais échappé à ma mémoire mais ça n'a pas d'importance parce que ce qui reste, c'est qu'on était amené à raidir la nuque et à jouer de l'atlas et de l'axis pour répondre au « tête à droite » aboyé par notre instituteur quand on passait devant un monument où il était marqué « À nos héros Aan onze helden », et qu'on était vaguement jaloux devant les gamins de cette école populaire-là qui avaient appris à battre le pavé de leur semelle sonore – mais comment donc faisaient-ils ça ? Comme les claquettes, ça m'est longtemps resté mysté-rieux – et ça faisait un sacré bruit quand leur instituteur à eux criait Halte hune deux !

Donc, rien ne le laissait prévoir. D'autant plus qu'il y avait aussi *Tintin au Congo*, dont la version en noir et blanc déglinguée se terminait par un « Dire qu'en Belgique tous les pitits blancs sont comme Tintin » apparemment définitif. Qu'il y avait l'album de chromos *Notre Congo Onze Congo*. On ne dira jamais assez le rôle joué par le chocolat dans l'éducation civique bilingue ; par le choco-lat, en bâton ou en boites métalliques, et les autres produits de consommation : *Nos gloires Onze glories*, je crois que ça c'était le timbre Historia, ou Artis, ou Soubry je ne sais plus ; pour *Les Merveilles de la Belgique*, c'est Nestlé, j'en suis sûr (même que bien plus tard, à une époque où j'avais enfin acquis la maitrise du mot « prostitution », je me suis rendu compte que ce livre était dû à la plume d'une de nos grandes écrivaines). Et puis il y avait *Petits belges*, qui faisait dignement paradigme avec *Tintin* et *Spirou* (et *Wrill*, quand même).

Rien ne le laissait prévoir, mais ça a pourtant commencé assez tôt. Çà et là de petites fêlures apparurent. Même que je crois bien qu'elles étaient là depuis le début. D'abord mon père, qui avait été prisonnier de guerre, n'avait rien contre les Allemands ; il disait que c'était contre les nazis qu'il avait dû se battre, et il disait ça à un moment où ne pas utiliser le mot « Boche » était faire preuve de tiédeur suspecte. On était même un peu germanophiles dans la famille. Et puis, des bruits dans la rue nous faisaient comprendre que les rois, ça n'était pas vraiment si sacré que cela. Et puis, surtout, être belge, c'était plutôt comme une donnée naturelle, comme le fait de respirer, ou comme la pluie, ou comme les saisons : on n'y fait pas attention, sauf quand ça se détraque. Donc, si ça ne faisait pas question, il n'y avait pas non plus besoin de tant en parler. C'était comme ça, point (punt). Pas en faire une affaire, hein ?

Mais le moment décisif, ça a peut-être été quand on a essayé de faire de nous des ceintures noires de patriotisme. On nous avait appris une chanson : « Tu m'as dit d'aimer, et j'obéis/ Mon Dieu protège mon pays » (que je prononçais bien sûr « paiyis »). On chantait ça à la remise des prix, sur la scène microscopique de notre école minuscule, au garde-à-vous, main sur le cœur, devant un buste du Christ, avec un brassard où il y avait les trois couleurs que j'ai dites. J'en avais les larmes aux yeux. Et le frisson au ventre. En même temps j'étais vaguement – non, pas vaguement : vraiment – gêné de me donner ainsi en spectacle : garde-à-vous, brassard… pourquoi pas, tant qu'à faire, des plumes sur la tête, les couleurs que j'ai dites peintes sur la figure (ça, je sais qu' il y en a qui le font aujourd'hui, et ils n'ont pas l'air d'être gênés) ou sur les fesses ? J'aurais quand même préféré être ailleurs. Mais il y avait surtout cela : ce refrain m'enseignait d'un seul coup (1) qu'on pouvait aimer sur ordre ; (2) qu'aimer, c'était d'abord et avant tout, dans une sorte de raccourci logique qui me donne encore le vertige aujourd'hui, alors même que j'ai appris à l'apprivoiser en lui donnant le statut de synecdoque, qu'aimer, donc, c'était d'abord et avant tout aimer un « paiyis ». L'absence de complément d'objet direct du premier verbe, suivi d'une phrase où l'objet de cet amour se donnait comme tout naturellement à sa place, ne laissait guère de choix ; (3) que Dieu était mêlé à tout ça. Plus tard, mais pas trop, j'ai pris connaissance de la traduction allemande de ce refrain. Ça s'écrivait « Gott mit uns ». Ce qui ne laissait pas de me plonger dans la perplexité : Dieu devait être un assez drôle d'asticot, si l'ennemi traditionnel – et barbare, avec ça – pouvait tout aussi légitimement se revendiquer de lui. On sortait, il faut le dire, d'une guerre où tout le monde, si je comprenais bien ce que j'étais en train d'apprendre, venait de rivaliser d'amour. Maintenant que ces souvenirs me reviennent, je dois préciser que mes progrès en anglais avaient été plus rapides qu'en allemand. Je collectionnais les timbres, en effet. Et sur le timbre standard des USA, il y avait la statue de la Liberté, bien sûr, mais aussi l'expression « in God we trust ». Là, j'avais demandé à ma grande sœur de m'aider, car comme je savais déjà confusément ce qu'était un trust, je voyais mal comment traduire la phrase – où God au

137

moins était clair, d'ailleurs ça ressemble à Gott – avec ce mot-là. Maintenant, je le vois mieux. Et je comprends mieux qu'il n'y avait pas d'erreur, que « trust » était bien à sa place.

Tout cela pour dire qu'en matière de patriotisme, dire c'est faire. Mais en même temps, confusément, les petits enfants savent que ce faire, ça n'est jamais qu'un dire. (C'est après que les choses se gâtent. Quand les petits enfants perdent le sens critique que leur donne leur situation d'explorateurs du monde.)

Donc ça a commencé assez tôt. Des fêlures sont devenues crevasses. J'ai appris à m'interroger sur l'air qu'on respire, sur la pluie et sur les saisons. Ça a commencé assez tôt, mais ça n'est pas tout à fait terminé. J'ai beau être vacciné contre le patriotisme, savoir que j'habite un pays promis à l'évaporation, il y a que je vis ici, que j'y travaille, que j'y aime, et que j'y ai des responsabilités. Mais cela ne fait pas encore une Belgique, ça. Alors disons ceci : il y a aussi autour de moi des inflexions de voix que je n'ai jamais entendues ailleurs, des gouts que j'ai dans la bouche et qui sont ma madeleine à moi, des choses qui font sourire ici et dont on ne rit pas ailleurs, et vice-versa, des manières d'entrer dans les maisons, de cuisiner ou de faire de la politique. Et la question est : comment parler de cela ?

Depuis bien plus d'un siècle (d'esclavage ?), nous sommes nombreux à nous interroger sur l'existence d'une culture propre à « ce pays », comme disent nos princes (lesquels évitent soigneusement un possessif susceptible de les mouiller).

Après avoir été hautement affirmée, comme une sorte d'essence, cette culture a été rejetée au rang des illusions.

Pour les uns, le royaume de Belgique est un destin : toujours-déjà-là, il puise ses racines dans la nuit des temps. Son avènement dans le monde sensible est l'aboutissement de la volonté profonde de ses populations, c'est la consécration sur le plan politique d'une évidente cohérence économique, géographique et culturelle. C'est même peut-être l'œuvre de la main invisible. Ou du dessein intelligent (tiens, on dirait qu'on fiche la paix à Dieu, maintenant !). Pour les autres, la Belgique a été créée de toutes pièces pour servir de louches intérêts européens, ou pour garantir les privilèges de la classe bourgeoise alors en émergence. Imposture que paieraient aujourd'hui les membres de deux peuples bien différents, frères ennemis enfermés dans une même pièce.

La construction des identités

Le petit livre que le lecteur tient en mains ne vise pas à alimenter ce débat. Son propos est d'examiner les traces mentales qu'a laissées l'histoire de ces affirmations et de ces dénégations. Car puisque la Belgique a constitué une réalité qui s'est objectivement imposée à ses citoyens pendant plus de cent septante cinq ans, et puisque dire c'est faire, les adhésions ou les résistances des Belges à

139

cet imaginaire ont forcément déterminé la trame de leur existence intime quotidienne.

Je parle bien de résistance. Celle-ci peut en effet déterminer un mode d'existence de ce à quoi l'on résiste. L'examen du baromètre du sentiment national à l'époque contemporaine pourrait faire croire à son inexistence chez les Belges. Mais on peut aussi affirmer que le constant déni de la nation est aussi une forme *sui generis* de nationalisme : un sentiment national en creux auquel on a donné le nom de belgitude, et qui démontre que l'existence d'un discours identitaire ne postule pas nécessairement la présence d'une identité positive et forte. Car il s'agit bien d'un discours, organisé autour d'une thèse : il serait de la nature de la Belgique de produire la négativité. Pour Jacques Sojcher, beaucoup ont ressenti « que la Belgique, dans sa négativité même, dans son creux offrait autre chose, une possibilité d'espace, d'entre-deux, une situation mouvante de carrefour, de traversée et d'errance, une sédentarité baroque, diasporique »[1]. Et cette négativité se décline en de multiples sous-thèmes : la bâtardise (qui donne la possibilité de jouer librement d'univers culturels multiples), l'exil intérieur, le cosmopolitisme, surtout revendicable dans les grandes métropoles.

Mais ce discours, qui correspond à la posture actuellement la plus branchée, n'est pas le seul. Il en est d'autres où le Belge vit sa nationalité dans un registre plus positif.

---

[1] Jacques Sojcher (directeur), *La Belgique malgré tout*, Bruxelles, Presses de l'Université de Bruxelles, 1980, p. VIII.

Les moments où ils s'énoncent sont souvent le fruit du hasard et ne sont la plupart du temps que furtifs : morts de rois, succès sportifs, *wonder stories* médiatiques, naissances de bébés princiers, mariages idem, anniversaires de la naissance ou de la mort de certains artistes à grandes dents. Mais ils ont une certaine consistance, forgés qu'ils ont été à coup de blagues belges, de vacances prises à la mer, d'écoute de Jacques Brel, de lecture de Simenon et de rigolades avec le Chat.

Ainsi, tantôt dans la positivité, tantôt dans la négativité, la Belgique s'est bien créé un protocole de décodage du réel, c'est-à-dire une culture.

Car la culture est tout ce qui donne un sens, dans une société donnée, aux rapports entre les humains, et aux relations entre ceux-ci et les choses.

Je me suis donc proposé d'observer ici les significations imaginaires qui socialisent la vie du Belge. Avec une première restriction de taille : mon propos s'est évidemment limité aux significations qui le socialisent en tant que Belge ; il s'agissait de saisir le quelque chose de belge qui flotte dans l'air, de photographier les morceaux de Belgique que l'on peut identifier. Ce qui n'est déjà pas simple. Il est évident que

Aucune personne humaine n'appartient exclusivement à une seule communauté ; aucune ne peut s'identifier totalement à une seule entité collective. Chacun de nous a une identité familiale (même si certaines rompent avec leur parentèle ou construisent leur personnalité par opposition aux traditions de famille), une identité locale (même si nous avons plusieurs fois changé d'habitat), une identité linguistique (celle de notre langue maternelle, même si nous sommes polyglottes ou immigrés dans un pays qui parle une autre langue), une identité professionnelle (même quand nous avons changé de métier), une identité nationale ou ethnique (même quand nous voulons être citoyens du monde), une identité civique qui ne se confond pas nécessairement avec la précédente, une identité religieuse ou idéologique (quand bien même nous serions convertis, hérétiques ou dissidents), une identité culturelle liée au savoir acquis à l'école ou ailleurs, à nos sources d'information, aux artistes que nous aimons, aux pratiques sociales et aux manières de vivre de notre milieu social. Et tout cela ne forme pas une totalité harmonieuse et définitivement stable. Cette pluralité des identités collectives qui nous traversent et nous sollicitent implique toutes sortes de contradictions, de paradoxes, de moments de crise qui sont la vie même de notre identité personnelle et la font évoluer. Je reste le même en devenant autre : c'est le paradoxe fondamental de l'identité.[2]

De sorte que les identités ne peuvent être traitées comme des choses ou des états : elles constituent un processus, liées qu'elles sont au dynamisme de la vie sociale. Elles ont un caractère historique et sont transitoires : elles ont eu un début, et on peut envisager qu'elles auront une fin. Oui, il y a bien un paradoxe de l'identité. Comme son nom – où il y a « identique » – l'indique bien, elle consiste à percevoir la continuité, au-delà de la diversité phénoménale ; pour jouer leur rôle, les marques identitaires exigent une

---

[2] Jean-William Lapierre, *Le Pouvoir politique et les langues. Babel et Leviathan*, Paris, P.U.F., 1988, p. 140.

certaine permanence. Mais il n'y a en fait rien de plus fugace : l'invariance est construite, comme une digue contre le flux des transformations. Savoir que l'on est éphémère, mais faire comme si on ne l'était pas.

C'est parce qu'elles sont prises dans la dialectique de la conservation et de la métamorphose que les identités sont nécessairement plurielles, voire concurrentes et contradictoires. Elles varient en intensité, selon les personnes, les groupes et les classes. Elles varient en qualité (et, en particulier, ne prennent pas nécessairement une forme nationale).

En parler, c'est donc nécessairement faire voir comment elles se construisent et se formulent, se déconstruisent, se reconstruisent et se reformulent.

On peut y voir l'aboutissement d'un processus symbolique complexe, qui peut être schématisé en trois phases.

Il faut tout d'abord un substrat objectif : un cadre de vie géographique ou climatique commun, un ensemble de comportements (allant du culinaire, du sexuel et du vestimentaire au religieux, à l'architectural ou au politique), certaines situations sociales, etc. Condition nécessaire mais non suffisante.

Il faut ensuite sélectionner certains traits de ce substrat. Ce processus relativise le substrat objectif, lequel peut être flou et largement diversifié (sans cependant pouvoir être inexistant.) Les traits mobilisés sont dès lors assumés comme autant de signes de démarcation. Retenons ces deux choses : d'une part, l'identité ne se conçoit pas sans son alter ego, l'altérité ; de l'autre, il y a entre les deux une puissante démarcation. La démarcation : concept capital dans tout système structuré.

Mais cette mobilisation – qui fait monter à la conscience les traits du substrat qui pouvaient jusque-là rester inconscients – ne suffit pas encore. Pour que l'identité puisse orienter collectivement l'action, elle doit se manifester largement aux yeux de cette collectivité. Autrement dit, elle doit être communicable. Pierre Bourdieu note ainsi que le substrat fait « l'objet de *représentations mentales*, c'est-à-dire d'actes de perception et d'appréciation, de connaissance et de reconnaissance, où les agents investissent leurs intérêts et leurs présupposés, et de *représentations objectales*, dans des choses (emblèmes, drapeaux, insignes, etc.) ou des actes, stratégies intéressées de manipulation symbolique qui visent à déterminer la représentation (mentale) que les autres peuvent se faire de ces propriétés et de leurs porteurs. Autrement dit, les traits que recensent les ethnologues ou les sociologues objectivistes, dès qu'ils sont perçus et appréciés comme ils le sont dans la pratique, fonctionnent comme des signes, des emblèmes et des stigmates »[3].

C'est l'ensemble des mécanismes de sélection et de formulation, que l'on peut résumer dans le mot de « formalisation », qui compte ici pour moi.

Dans les débats autour de la culture belge – comme dans nombre de travaux sur les identités –, on s'épuise

---

[3] *Ce que parler veut dire. L'économie des échanges linguistiques*, Paris, Fayard, 1982, p. 65.

généralement à parler du substrat. Or ce substrat, on vient de le voir, n'est pas en soi pertinent. De sorte qu'au terme de ces débats, on est tenté de déclarer aléatoire toute tentative pour définir une originalité belge. Et, le plus souvent, cette difficulté est portée au compte de l'« individualisme foncier » du Belge, postulat qui devient ainsi un élément de la formalisation. On le voit, un discours ainsi construit ne peut qu'être circulaire.

Ma démarche est différente. Elle ne boude, on l'aura constaté, ni la Côte, ni le chocolat, ni la pluie, ni la cuisine-cave, ni la gueuze. Mais elle traite ces objets parce qu'un discours a hissé chacun d'eux au rang d'emblèmes et en a fait le signifiant de significations mythiques. Sa spécificité est donc de faire voir non la chose mais la manœuvre qui a consisté à lui donner du sens. Il s'est donc agi de faire parler ces choses ; de se demander à quoi elles servent ; de montrer quelles relations elles entretiennent avec leurs voisines ; comment une idéologie les a intégrées à un système homogène. L'identité étant une construction et non une essence, il s'agit bien de déplacer le poids du problème sur la formalisation. L'identité est un sens donné collectivement à des pratiques ; c'est la lecture faite d'un réel qui, comme tel, n'en a pas, de sens.

Le mythe belge aujourd'hui

De nombreux ouvrages ont paru ces derniers temps, qui tous tentent de percer le secret de la culture belge[4]. Certains empruntent même la forme du dictionnaire.

Ils répondent assurément à un besoin universel. Une situation de perplexité comme celle que les pays développés vivent depuis le grand choc pétrolier de 1973, la crise structurelle du capitalisme qui l'a suivi et les mutations consécutives au 11 septembre, tout cela est bien de nature à susciter la recherche inquiète de l'identité. Or notre ère a vu naitre une nouvelle sensibilité que Christopher Lasch a pu désigner du nom de « culture narcissique »[5]. Après la décennie 1960, brillante sur le plan économique et habitée par de généreuses utopies, s'est ouverte une période de désillusion. L'idée est mise en doute que l'individu puisse exercer une réelle emprise sur son existence ; les disciplines qui lui donnaient cette impression – de la philosophie de l'histoire à l'économie – sont réputées en faillite : elles paraissent en effet impuissantes à rendre compte des formes nouvelles prises par les phénomènes qu'elles faisaient profession d'élucider. Mais il faut bien satisfaire la demande de sens. L'insignifiance de l'existence est dès lors, dans les années 1980, compensée par une attention exclusive au moi. Le temps personnel et biographique est remis à l'honneur. Retour à l'individu donc, mais aussi aux groupes qui sont censés le définir. Nourrissant des impulsions de repli – faute de recevoir la sécurité attendue de collectivités jugées trop vastes dans l'espace ou dans le

---

[4] Citons tout de même, pour des raisons différentes, Pierre-René Mélon, *Petit glossaire de la sous-France*, Mons, Talus d'approche, 2000 (coll. Libre choix) et Patrick Roegiers, *Le mal du pays. Autobiographie de la Belgique*, Paris, Le Seuil, 2003.

[5] *Le complexe de Narcisse*, Paris, Laffont, 1979.

temps –, l'individu contemporain valorise les ensembles qui peuvent être la commode métaphore de son moi.

Faut-il alors s'étonner d'un mouvement qui donne un prix élevé à tout ce qui compense l'insignifiance en créant du sens, à tout ce qui enraye la dissolution en créant de l'identité ?

L'inquiétude identitaire a aussi des causes locales. Ce sont les changements de sens qu'a connus le mot « Belgique ». Mieux : les changements de sens qui ont affecté la chose.

Pas plus que les personnes, les pays ne meurent. Certes, les livres leur assignent des dates d'apparition et de disparition, de même que l'État-civil précise les dates de naissance et de mort des individus. Mais l'histoire des uns et des autres commence bien avant ces dates ; et elle se poursuit après elles, parfois longuement. Si des enfants et des pays apparaissent comme des accidents, beaucoup sont l'objet de rêves et de projets. Certains de ces rêves peuvent avoir été caressés depuis longtemps ; d'autres, tout neufs, ne tardent pas à se concrétiser ; d'autres, enfin, n'aboutiront jamais. L'histoire est pleine de ces rêves, restés songes ou devenus réalités. Catalogne, Flandre, Pologne, Kossovo, Wallonie, Afrique du Sud, Écosse, Québec, Tchéquie, Italie, Israël, Palestine, Tibet, Bretagne, Arménie, Kurdistan, Irlande, Indes, Euskadi, Vietnam, Finlande : la liste en est longue. Peu importe qu'ils soient grands – États-Unis d'Amérique – ou petits – Corse, canton du Jura – : ils sont les promesses que se font les hommes. Des pays disparaissent, certes, comme les gens. Mais comme ces derniers, ils laissent des traces.

Ils ne cessent d'exister : comme souvenir, comme occasion manquée, comme cauchemar, comme malentendu, comme trace fossilisée, comme modèle, comme nostalgie. Union soviétique, Tchécoslovaquie, grande Amérique latine unie, Yougoslavie…

Entre leur avènement dans le réel et leur retour au virtuel, les pays vivent. Et changent donc. La France de Sarkozy n'est pas celle de De Gaulle, qui n'était pas celle de la IIIe République, et encore moins celle de Louis-Philippe ou de Louis XVI. Pas plus qu'on ne se baigne deux fois dans le même fleuve, on n'habite jamais tout à fait le même pays. Le nom peut bien rester : le contenu change. De manière très visible, les pays peuvent réformer leurs structures. Mais souvent, de manière plus discrète, ils voient leur culture se modifier, ils troquent les valeurs sur lesquelles il se sont construits : ils changent de sens.

La Belgique n'échappe pas à la règle. L'ensemble des réformes institutionnelles qu'elle s'est offertes depuis les années 1960 constitue une de ces mutations sémantiques, bien propres à susciter l'inquiétude identitaire.

Ces réformes l'ont menée d'un statut d'État unitaire à un statut d'État fédéral. Dans ce mouvement, déclenché par la Flandre pour des raisons culturelles et par la Wallonie pour des raisons économiques, la construction de nouvelles identités et la mise en place de nouvelles loyautés sont problématiques. Si, du côté flamand, la langue constitue sans nul doute un facteur d'identification, il n'en va pas de même du côté francophone : ce n'est pas sous la pression d'une minoration linguistique que la Wallonie s'est déterminée. Et, par ailleurs, les problèmes sociaux et économiques de cette dernière entité et de Bruxelles, majoritairement francophone, sont si différents que leur unité est problématique. D'où la tentation pour nombre de francophones de ne pas s'engager dans le nouveau travail d'identification en cours, mais bien de se replier sur l'identité belge.

Mais cette identité doit bien évidemment être réaménagée. Et réaménagée, elle semble ne guère pouvoir l'être qu'au prix d'une définition en creux : la francophonie belge, ce sera la Belgique moins la Flandre. Il n'y a donc pas « d'essence » négative de la Belgique : la négativité n'est que le produit d'un accident historique.

Ce mouvement de soustraction est particulièrement sensible à Bruxelles, ville qui n'était guère demandeuse des réformes institutionnelles et qui concentre spectaculairement les classes sociales et les groupes dont les intérêts étaient le plus liés à la Belgique traditionnelle. Si l'on ajoute à cela la fragilisation linguistique, due aux contacts entre langues – largement surévalués au reste —, on comprend que ce soit à Bruxelles que le discours du déficit identitaire a été le plus constamment tenu.

Pays inexistant avant-hier, hier unitaire, fédéral aujourd'hui, qui sait la forme inédite sous laquelle la Belgique vivra demain ? Déjà, elle s'est sensiblement dissipée. Ses atomes se sont agrégés à d'autres molécules : les entités qui la composent, une Europe aux inexorables forces centripètes. Pour certains c'est un rêve, dont il sera dur de se réveiller. Pour d'autres, c'est une coquille devenue vide.

Ce qui arrive à la Belgique n'est donc rien d'autre que ce qui arrive, tôt ou tard, à tout pays. L'intérêt est que la Belgique se montre ici comme à d'autres points de vue, une sorte de laboratoire : aujourd'hui les choses y vont plus vite, les discussions y vont meilleur train. Et peut-être est-ce là une raison suffisante pour s'y intéresser : sans qu'elle ait un destin exceptionnel – et il n'y a d'ailleurs pas de destin : il n'y a que des communautés de projet —, elle tend aujourd'hui un miroir à ses citoyens comme aux citoyens du monde, et leur rappelle le caractère mouvant du sens. Elle fait voir que l'on peut vivre, parfois dans la douleur, des allégeances multiples. Et elle nous rappelle aussi peut-être la nécessaire lourdeur et la nécessaire complexité de la démocratie, nécessités honnies par les amateurs de solutions simples, superbes et robustes.

Sémiotique et distance critique

Certains des ouvrages auxquels j'ai fait allusion plus haut sont des catéchismes. Soit qu'ils prêchent l'existence de la culture belge, soit qu'ils la récusent en bloc. Animés par une croyance religieuse dans l'objectivité du substrat, et insoucieux de la formalisation, ils ne m'intéressent pas.

Il faut donc que je définisse explicitement la spécificité de ce livre par rapport aux autres.

La principale consiste en ceci que, dans la famille des opérations arithmétiques, il préfère le produit à l'addition.

Les quêteurs d'identité, souvent tentés par la description du substrat, pratiquent en général la somme. Il s'agit pour eux d'accumuler les noms, les lieux, les objets : épisodes historiques, spécialités culinaires, souvenirs de vacances, sites touristiques, tics de langage, noms d'artistes, rois, monuments et gadgets s'entassent dans leurs pages comme dans un cabinet de curiosités. Comme si de l'amoncellement devait surgir un bon génie qui tout à coup ferait un corps de ces *membra disjecta*. Mais on a beau entasser, rien ne se produit. Car ce qui compte est non pas la somme, mais l'intersection. La vraie question est : qu'y a-t-il de commun entre la dentelle de Bruges et le superchocolat Jacques ? entre la plage d'Ostende et Eddy Merckx ? entre la pilarisation et le concours Reine Élisabeth ? entre Marabout et les moules-frites ? Que cette intersection existe est présupposé par le fait même de procéder à l'accumulation. Mais le noyau commun n'est jamais défini. Pour l'entasseur ordinaire, l'existence de ce noyau est un postulat, voire un acte de foi. En débattre serait aussi vain aux yeux du croyant que de démontrer l'existence de Dieu. Sans doute est-ce la vague conscience de cette vanité qui pousse l'entasseur à pratiquer la fuite en avant, et à se jeter dans un autre discours qui a l'indéniable avantage de porter sur des faits. Mais le discours de la sommation n'a pas de fin, ne peut en avoir. Et les dimensions mêmes qu'il se donne fatalement dénoncent son inanité.

Pour mieux faire voir le processus de formalisation, on se gardera bien de multiplier les objets décrits (tant pis donc pour ceux qui auraient voulu que je consacre un chapitre supplémentaire à Tintin et Milou, et encore un autre à Magritte ou aux frères Dardenne, que je me rende une nouvelle fois à l'aéroport de Zaventem, que je compte les boules de l'Atomium, ou que je discute des mérites respectifs du vogelpick et du kicker)[6]. Cette retenue permettra également de creuser l'écart entre l'objet et l'observateur, lequel ne saurait se fondre dans l'objet sous peine de ne plus observer.

Un essai qui fait figurer le mot « Mythologie » dans son titre est nécessairement un clin d'œil fait à Roland Barthes[7]. Et de fait, le lecteur indulgent pourra décider qu'il relève de la sémiotique, sans en emprunter la technicité.

Sémiologie ou sémiotique : science des signes, nous dit le dictionnaire. Mais encore ? Si l'on décline la liste de ces signes, on aboutit vite à un inventaire à la Prévert ou à un collage : image de presse, signalisation routière, couleur du ciel, symptômes, phénomènes de mode, de langue, que sais-je ? À force de tout embrasser, cette sémiotique ne peut sans doute que mal étreindre. Mais croire à sa prétention à dire le dernier mot de chacun de ces objets

---

[6] Les nostalgiques de l'entassement pourront néanmoins se consoler en manipulant l'index, confectionné avec amour à leur intention.

[7] Roland Barthes, *Mythologies*, Paris, Le Seuil, 1957. Le terme de mythe apparait aussi, dans un sens légèrement différent, dans le titre de l'ouvrage dirigé par Anne Morelli, *Les grands mythes de l'histoire de Belgique, de Flandre et de Wallonie*, Bruxelles, Éditions Vie Ouvrière, 1995. Le présent livre ne traite pas de grands mythes (Godefroid de Bouillon, les 600 Franchimontois, Albert Ier) : seulement de petits. Toutefois les petits mythes sont comme les petits mots (« à », « de », etc.) : ils passent inaperçus, mais on les utilise tout le temps. Ce qui est mis en scène ici n'est donc pas l'histoire mais la vie quotidienne.

constituerait une méprise : la sémiotique n'entend se substituer ni à la météorologie ni à la médecine. Son rôle est d'étudier un trait que tous les objets énumérés ont en partage : le sens. Étudier la signification, décrire ses modes de fonctionnement et le rapport qu'elle entretient avec la connaissance et l'action.

Envisager la signification d'un objet comme le mythe, c'est donc faire voir comment, à partir de simples données matérielles qui en soi ne signifient rien, s'élabore une pensée de la réalité, et comment ce système alimente le discours. Comment advient la formalisation du substrat, par regroupement, simplification, orientation, et opposition. Par regroupement, parce que la formalisation attribue des qualités communes au groupe ; par orientation, car elle donne un sens à ces qualités ; par simplification parce qu'elle élimine les variations inférieures à un certain seuil, variations dès lors considérées comme propres à l'individu et n'ayant pas de portée groupale ; par opposition, celle-ci autorisant une lecture simple – simpliste ? – de la réalité.

L'intérêt de cette recherche de structures profondes est double.

Il est d'abord de permettre que ce système et cette pensée montent à la conscience, et de montrer la sophistication de mécanismes qui semblent aller de soi.

L'exercice est d'autant plus salubre que le trait principal du mythe est son caractère récursif. Dans la répétition, il se module, il se décline, prend mille visages différents.

Mais le noyau reste intact[8]. D'où son rôle idéologique : dépeignant ce qui est parce que cela est, le mythe est facteur d'immobilisme et de résignation. Dès lors, comment le Belge pourra-t-il penser son avenir si tout le discours qu'il tient sur lui-même et sur son présent se résume à des formules cent fois rapetassées, et qu'on se décourage de retrouver même sous la plume d'auteurs d'habitude sagaces ? Des formules du genre « la-Belgique-est-un-pays-bien-compliqué », « qu'est-ce-qu'on-est-surréalistes-quand-même ! » « nous-au-moins-on-sait-rire-de-nous », « heureusement-que-le-roi-est-là »...

L'intérêt de l'analyse est aussi de suggérer que si les identités sont plurielles et polysémiques, alors elles présentent presque nécessairement un caractère conflictuel. Car la définition des identités collectives est un enjeu ; elle s'inscrit toujours dans le cadre de projets de groupes, qu'elle vient justifier. Mais il s'agit bien, pour le discours mythique, d'escamoter ces nécessaires luttes. Pour ce faire, il présente l'identité comme une essence, à laquelle le sujet ne saurait échapper. Les identités vécues (en allemand, les *Ist-Identitäten*) reçoivent de cette intériorisation une force coercitive, qui n'est donc pas le monopole des identités désirables (*Soll-Identitäten*). Elles constituent donc des

---

[8] Le numéro spécial *Mythes en stock* de la revue *Marginales* (n° 248, hiver 2002) est riche de 25 articles. Onze d'entre eux brodent autour de la figure de Tintin et de son créateur, et dix autour de Maigret et de Simenon. Sept mettent Jacques Brel en scène, et deux Bob Morane. (L'un ou l'autre de ces articles réalisant le tour de force de faire dialoguer Haddock et Maigret).

normes, avec leur double attirail de proscriptions et de prescriptions. En matière de langue, la formule puriste « Ne dites pas…, dites… » résume admirablement cette dichotomie ; mais d'autres formules existent : « un bon Belge (ou Américain, Européen, Français, etc.) ne fera pas ceci, mais fera cela ». La chose est rarement dite avec autant de franchise. Mais cette franchise, ou ce culot, le candidat Nicolas Sarkozy l'a eu, lorsque, promettant à ses concitoyens un Ministère de l'immigration et de l'identité nationale, il définissait ce qu'était un Français à ses yeux.

Faire monter les mécanismes du discours mythique à la conscience est ainsi mettre le doigt sur le caractère mystificateur des identités collectives : construites sur le dogme de l'unanimité, elles camouflent les différences et les clivages existant à l'intérieur de la communauté, mais se servent en même temps de ces divergences pour stratifier le corps social.

Aider à penser le mythe n'est toutefois pas interdire d'y prendre du plaisir. Et peut-être certains estimeront-ils que j'ai traité à la belge ce sujet belge. Mais mon ambition n'était pas celle de Flaubert qui, avec son redoutable *Dictionnaire des idées reçues,* entendait faire un livre tel « qu'une fois qu'on l'aurait lu on n'osât plus parler de peur de dire naturellement une des phrases qui s'y trouvent »[9].

---

[9] Lettre à Louise Colet, 17.12.1852, *Correspondance*, Paris, Louis Conard, 1926-1954, t. III, pp. 66-67.

Autoriser un regard à la fois dévorant et distancié sur les réalités les plus quotidiennes, et donc, en dernière instance, développer le sens critique : c'est là, sans aucun doute, la fonction politique – « citoyenne » – de la sémiotique.

Index

Les rubriques du présent index sont chaque fois référées à un ou à des chapitres, désignés par les sigles suivants : PC : Un pays né d'une côte ; RV : Rouler à vélo ; AE : Applaudir Eddy ; OR : Ovationner le roi ; MP : Monter à Paris ; PF : Pincer son français ; DS : Dire les choses comme elles (ne) sont (pas) ; TC : Trouver un compromis ; ER : Être raisonnable ; RS : Savoir rire de soi ; EP : Être petit ; RA : Rassurer les autres ; IC : Trouver les institutions compliquées ; BV : Avoir une brique dans le ventre ; CF : Conserver les façades ; MA : Manger ; EN : Être nafteur ; AS : Anderlecht *vs* Standard ; PL : Pourquoi ce livre ?

Capitale	AS, CF ; v. Bruxelles, Paris	Citadin	EN
		Cité	BV, EN
Caprice des dieux	BV	Citoyen	PL ; MA ;
Caraque	MA	citoyenneté :	IC
Carbonnades flamandes	MA	Clé-sur-porte	BV
		Cliff, William	PF, MP
Caricoles	MA	Clijsters, Kim	AE
Carnaval	MP	Coalition	TC
Carte	RV	Cobourg	OR
Casserole à pression	MA	Cocagne	pays de – : MA
Castafiore, Bianca	PF	Cocarde	PL
Catalogne	PL	Cohésion	OR
Ce (– pays)	PC, PL, DS	Coïncidence	
Ceinture	RV, MA	des contraires	RV, MP
Centre, centralisme, centralité	PF, MP ; v. aussi	Colonie	AE
		Comédien	MP
périphérie		Commissaire d'arrondissement (adjoint)	
Certificat	OR		IC
Certitude	RA	Commission communautaire	
Châlet suisse	BV		IC
Chambres de rhétorique	DS ; v. rhétorique	Communautarisation OR	
		Communauté	IC, TC
Chamoisette	BV	(– européenne :	IC,
Championnats		– française	
d'orthographe	PF	de Belgique :	PF, IC, MA ;
Chanteur	MP	– germanophone : IC) ; v. commission	
Chasse	MA	Compétence	DS
Chat (Le –)	PL, RS	Complexité (effet de —)	
Château	TC ; v. petit –		IC
Chemin	MP	Complication	IC
Chicklet	MA	Compromis	OR, TC
Chicon	PF, MA	Concerts-apéritif	PC
Chien	BV	Conclave	TC
Chique	MA	Conflit	TC
Choc pétrolier	PL	Congo	EP
Chocolat	PL, PF, MA ;	Connaissance	PL
(– Jacques : PL ; – Côte d'or : TC) ; v. aussi boite		Conscience	PL ; v. aussi objection
Choesels	MA	Conseil d'agglomération	
Chope	AS ; v. bière		IC
Chou	v. petit	Consensualité	OR
Chromos	PL	Consensus	OR, DS, TC
Chronique de langage	PF	Consolation	RA
		Consommation	AE
Chti	MP, RA	Constitution	TC ; (v. aussi gouvernement)
Cioran, Émile	MA		

Pacifique — EP

Pain
— platine, de ménage, intégral, français :
MA ; – à la grecque : TC, MA ; v. aussi
cramique, pistolet

Pajottenland — BV

Palestine — PL, EP

Pan — TC

Panade — MA

Panorama — AE

Pape au riz — MA

Pâques — ER

Paradoxe — PL, OR ; v. aussi oxymore, figure

Parent — DS

Paris — MP, PF, EP

Parlement — IC

Paron, Charles — MP

Partenaires sociaux — TC

Parti politique — DS

Particularisme — TC

Particulier — TC

Passé — CF

Pataphysique — TC

Pâté gaumais — MA

Patrie — EP, MA

Patrimoine immatériel
— MA

Patriotisme — PL

Patron — AE

Pauvreté — BV

Pays — PL, MA ; v. aussi
plat, ce (ce –), cocagne

Paysan — MA

Peinture — PL, MP, EP
— flamande : — MP

Pékèt — MA

Pentes — RV (v. plat pays)

People — OR

Perelman, Chaïm — DS

Performativité — BV

Périphérie — PF, EN

Petit — MP, DS, AS, ER EP,
PF, RA
— chou : — MA
— château : — EP

— frère : RA

— actionnaire, épargnant : v. action
naire ;
— Belge : — EP
petites (les —) : — DS

Petites gens : — EP ; v. grand, ptit

Petitesse — EP

Petits belges — PL, EP

Philippe (prince —) — DS

Picard, Edmond — PC

Pièce de devant — BV

Pier — PC

Pilarisation — PL

Pimm's — MA

Piqueray, Marcel et Gabriel
— PF

Pistolet — MA

Place, belle – — BV

Plat pays (v. pentes) — RV

Plate-buse — MA

Platekees — MA

Platon — AS

Ploquettes — AE

Pluie — PL, PC

Poêlon — MA

Police — IC

Politique — PL, MA ; v. aussi
homme –, parti –

Politiquement correct
— DS, IC

Pologne — PL

Polyglottisme — PL, RV

Polysémie — IC

Possibilité — RV

Poste — AE

Pot
— belge : — AE
— hollandais : — AE

Potkèse — MA

Poutine — MA

Pouvoirs publics — IC

Praline — PL, MA

Prémétro — TC

Prépension — OR

Prestige — MP

Primitivité — MP

Prince — PL, OR, DS ; v. aussi roi, Philippe, Laurent
Privatisation — DS
Processus — PL
Professeur — OR
Profusion — DS
Prognathisme — RV
Promotion — DS, MP
Proportionnelle — TC
Propreté — BV
Propriété — BV
Province — MP, IC
Ptit — EP ; v. petit
Purisme — PF

Quantité — MA
Québec — PL, MA
Question royale — PL, PC ; v. Léopold III
Quick et Flupke — PC
Quotidienneté — PL

Raclette — BV
Raison, raisonnable — ER
Ramonasse — MA
Ramponneau — MA
Rassurer — RA
Réconforter — RA
Rédemption — MP
Redondance — MA
Réforme
 – institutionnelle : PL
 – de l'orthographe : PF
Région — IC, TC
 (– wallonne, bruxelloise : IC
 – calcareuse : IC)
Régionalisation — IC
 (– préparatoire : TC)
Reine — PL
 – Elisabeth : PL (concours – : AE)
 – Astrid : PL ; v. bouchée à la –, roi
Religion — PL, MA
Remi, Georges — PL, RS
Remoudou — MA
Repli — PL

Représentation — PL
 – mentale, – objectale : PL
Républicanisme — OR
République française — IC
Résignation — PL
Résistance — PL
Restructuration — OR
Retenue sur salaire — OR
Revue — MP
Rhétorique — DS, TC, MP ; v. aussi chambre, figure, argumentation
Richesse — EP
Rire — RS
Riz — v. pape
Robert — PF
Rodenbach (bière) — PC
Rodenbach, Georges — MP
Roegiers, Patrick — PL
Roi — PL, PC, AE, OR ER
 v. aussi Léopold, Albert, Baudouin, cour, couronne, reine, prince, royal
Rom — MA
Rosbif — MA
Roth, Philip — RS
Route — BV, EN
 (– royale : PC) ;
Royal ; v. villa, route, question, roi
Royaume — PC, OR, IC
Rue de la loi — DS
Rural — EN ; v. paysan, campagne
Russo, Gino — DS

Sable — PC
Salon de thé — PC
Salut — MP
Sang — EP
Sans papiers — MA ; v. demandeur d'asile
Sarkozy, Nicolas — PL, RA
Sauce
 – tartare, lapin : MA ; v. aussi mayonnaise
Savitzkaya, Eugène — MP
Schaarbeek — MA

169

171

Table des matières

Du même auteur

Rhétorique générale, Paris, Larousse, 1970, Paris, Le Seuil,1982 (avec le Groupe μ).

Style et Archaïsme dans La Légende d'Ulenspiegel *de Charles De Coster*, Bruxelles, Palais des Académies, 1973.

Rhétorique de la poésie : lecture linéaire, lecture tabulaire, Bruxelles, Complexe, 1977, Paris, Le Seuil, 1990 (avec le Groupe μ).

Collages, Paris, U.G.E., 1978 (avec le Groupe μ).

A Semiotic Landscape. Panorama sémiotique, La Haye, Mouton, 1979 (avec Umberto Eco et Seymour Chatman).

Rhétoriques, Sémiotiques, Paris, U.G.E, coll. 10/18, 1979 (avec le Groupe μ).

La Littérature française de Belgique, Paris, Nathan, Bruxelles, Labor, 1980.

Langages et collectivités : le cas du Québec, Montréal, Leméac, 1981.

Trajectoires : littérature et institutions au Québec et en Belgique francophone, Montréal, Presses universitaires de Montréal, Bruxelles, Labor, 1985 (avec Lise Gauvin).

Charles De Coster, Bruxelles, Labor, 1985.

Adaptation française de *Le Signe. Introduction à un concept et à son histoire*, par Umberto Eco, Bruxelles, Labor, 1988, Paris, Le livre de poche, 1992.

Raymond Queneau, André Blavier : lettres croisées (1949-1976), Bruxelles, Labor, 1988.

Le Sens rhétorique. Essais de sémantique littéraire, Toronto, G.R.E.F., Bruxelles, Les Éperonnniers, 1990.

Écrivain cherche lecteur. L'écrivain francophone et ses publics, Paris, Créaphis, Montréal, V.L.B., 1991 (avec Lise Gauvin).

Traité du signe visuel. Pour une rhétorique de l'image, Paris, Le Seuil, 1992 (avec le Groupe μ).

Espace Nord. L'Anthologie, Bruxelles, Labor, 1994.

Des Langues romanes, Louvain-la-Neuve, Duculot, 1994.

Sept leçons de sémiotique et de rhétorique, Toronto, G.R.E.F., 1996.

Une langue, une communauté. Le français en Belgique, Louvain-la-Neuve, Duculot, 1997 (avec Daniel Blampain, André Goosse, Marc Wilmet),

Salut Galarneau !, de Jacques Godbout, Montréal, Boréal, 1997.

Tu parles ! ? Le français dans tous ses états, Paris, Flammarion, 2000 (avec Bernard Cerquiglini, Jean-Claude Corbeil, Benoît Peeters).

Précis de sémiotique générale, Louvain-la-Neuve, Duculot, 1997, Paris, Le Seuil, 2000.

La Langue et le citoyen, Paris, P.U.F., 2001.

Figuras, conocimiento, cultura. Ensayos retóricos, Mexico, Universidad Nacional Autónoma, 2003 (avec le Groupe μ).

La Littérature belge. Précis d'histoire sociale, Bruxelles, Labor, 2005 (avec Benoît Denis).

Figures de la figure. Sémiotique et rhétorique générale, Presses universitaires de Limoges, 2008 (avec Sémir Badir).

L'avenir du français, Paris, Agence universitaire de la Francophone, Édition des archives contemporaines, 2008 (avec Jacques Maurais, Pierre Dumont, Bruno Maurer, Patrick Chardenet).

Achevé d'imprimer en avril 2009,
sur les presses de Snel - Vottem (Belgique)
ISBN 978-2-87449-073-6 - EAN 9782874490736
Dépôt légal : mai 2009.